Technique of
Analyze
for Practice

Kouichi UZAKI

❖ アナリーゼの技法 ❖
実践のために

鵜﨑庚一

Gakken

はじめに

　無数の光を放つ満天の星々。昔の人は、それらを"かたち"でまとめ「星座」として捉える知恵を持ちました。これと同じように、音楽においては高さや長さが違うひとつひとつの音を、鋳型とも言うべき「音型」で捉えました。そしてこの「音型」に、中心的あるいは対照的な役割を与え、反行、拡大、付加、削除、変奏、等さまざまな手を加えて発展させ、さらなる大きな"かたち"を構築し、楽曲として纏め上げるという知恵を持ったのです。

　これこそが作曲の出発点であり、楽曲創作の原点と言えるでしょう。

　「アナリーゼ（楽曲分析）」とは、夜空に「星座」を探すように、楽曲の中に散らばる"かたち"を探し、その"かたち"の構造を読み取る事で、楽曲の「原点」を理解して行く作業です。この作業なくして、多彩な作品群をより深く理解する事は出来ません。

　音楽を理解する為に、また、より良い演奏をする為に必要な総合力を"音楽体力"と呼ぶならば、「アナリーゼ」はその基礎となるものです。
　本シリーズを充分に活用し、"アナリーゼ力"を育成しましょう。

「アナリーゼの技法 ——実践のために」によせて

　音楽は、心です。従って、音楽の演奏は最終的には心をもってすべきものと思います。しかしそのような、心における表現を「演奏された音楽」という"かたち"にするのは、かなり難しい事と言わざるを得ません。
　特に楽器による演奏において、まずは技術的な面での訓練と修練が必要である、という事は言うまでもないでしょう。確かに、演奏技術の訓練・修練の過程においても心における表現を逞しくして行く事は可能かもしれません。しかし、それだけで良いのでしょうか。
　心における表現を"かたち"にして行く為に必要で、極めて大切な事柄は、技術的な訓練・修練と共に「知的な作業」なのだと私は思います。
　「知的な作業」とは、音楽の約束事や、構成しているそれぞれの要素、表現の為の形式等への理解を皮切りに、それらを十二分に活用し、作者の意図に基づいた知恵と工夫とを楽曲から読み取る「読譜作業」です。「知的な作業」に基づく読譜力こそが、技術力と相俟って、心をもって表現できる"音楽体力"となり、その人にしか出来ない、裏付けのある個性的な演奏へと導いてくれる事でしょう。
　本書が、皆さんの"音楽体力"を養う為の一助となる事を確く信じつつ、できるだけ多くの方々に利用していただける一冊となる事を願っています。

鵜﨑 庚一

INDEX

はじめに 3
本シリーズで使用する記号の一覧 6
使い方ガイド 8

[アナリーゼの予備知識]

音と譜表 ··· 12
　　　　楽音 12
　　　　音名 12
　　　　五線と縦線 13
　　　　音部記号 13
　　　　大譜表 13

音度と音程 ·· 14
　　　　音度 14
　　　　8度の分布 14
　　　　音程 15

リズムと拍子 ··· 16
　　　　音価 16
　　　　リズム音型 17
　　　　拍と拍子 18
　　　　拍子感 19

音度列 (旋法と音階) ·· 20
　　　　音度列 20
　　　　　　旋法（教会旋法） 20　　　長音階と短音階 21
　　　　　　半音階 22　　　全音音階 22
　　　　音階音の機能 23
　　　　　　中軸を通る音階音 23　　　循環する音階音 24
　　　　　　扇型に展開する音階音 24

調 ·· 25
　　　　固有音 25
　　　　調名と調号 26
　　　　　　調の5度循環 27　　　調号が付加される順番 27
　　　　調判定 27
　　　　　　臨時記号 27

和音 ··· 28
　　　　和音の形体 28
　　　　固有和音 29
　　　　和音の連結 29
　　　　　　和音の分類 29　　　循環する和音と3機能 29
　　　　　　カデンツ公式による終止 30
　　　　和音連結における留意点 30
　　　　　　共通音 30　　　限定進行音 30

終止定式 ··· 32
　　　　T-D-T 32
　　　　T-S-T 34
　　　　T-S-D-T 36
　　　　強められた D-T 37

終止定式の両外声のパターン ··· 39
　　　　終止定式のメロディとバス 39
　　　　　　音階音から見るメロディとバスのパターン 39
　　　　　　カデンツ公式 S-D-T による終止定式から見るメロディとバスのパターン 40
　　　　ピアノ様式における伴奏型のパターン 44
　　　　　　I−V(7)−I 44　　　I−II¹−V(7)−I または I−II¹−I² V(7)−I 46
　　　　　　I−VI−IV−II¹−I² V(7)−I−IV−I 48

関係調と転調 ··· 50
　　　　関係調の一覧 50
　　　　音に基づく関係調 51
　　　　関係調の相関図 51
　　　　移調 52
　　　　転調 54
　　　　実際の曲における転調 56
　　　　　　主調から属調へ 56　　　主調から下属調へ 57
　　　　　　主調から平行調へ 57　　　主調から属調平行調へ 58
　　　　　　主調から下属調平行調へ 58　　　その他 58

転位音（非和声音、和音外音） ……………………………………………… 60

構成音と転位音　60
経過的転位音　61　　刺繍的転位音　61　　倚音的転位音　61
逸音的転位音　61　　先行的転位音　62　　掛留的転位音　62
保続的転位音　62

実際の曲における例　63

様式 ………………………………………………………………………………… 68

音楽の様式　68
声部様式　68
四声体　68　　四声体によるコラール様式　68　　2声　69
3声　69

非声部様式　69
ピアノ様式（キーボード様式）　69

形式 ………………………………………………………………………………… 70

1部形式　70
2部形式　72
3部形式　74
複合3部形式　76
ロンド形式　82
ソナタ形式　88

［アナリーゼの手順］

「手順」を踏んだアナリーゼの例 ……………………………………… 94

0. アナリーゼの作業の前に ……………………………………………… 98
楽譜の見取り図　98
曲の主調と拍子を確認する　100
主調を確認する　100　　拍子を確認する　101

1. 終止箇所を見つける ………………………………………………… 102

2. 調性を判断する …………………………………………………… 108

3. 主旋律と対旋律を見つける ………………………………………… 112

4. 提示部分を見つけ形式を把握する ………………………………… 116

5. 経過的部分、移行的部分、Coda部分を見つける ……………… 118
経過的部分　118　　移行的部分　118　　Coda部分　119

6. 展開部分の確認 …………………………………………………… 120
主調によるAの展開　120　　下属調によるAの展開　121
下属調平行調によるAの展開　121
Aの抱える部分的音型による展開　122
Bによる展開　122　　Aのリズムによる展開　122
Bのリズムによる展開　123　　Coda、そして⑬による展開　123

7. 全体像を確認し、総合的判断をする ……………………………… 124
（ソナタ形式の2曲を比較して）
同様、または類似している点　129
大きな相違点　129
垣間見える作者の工夫 —Aの構造の特徴とBのかかわり　130
垣間見える作者の工夫 — ⑬における素材と構造、そして
⑮とのかかわりなど　131

まとめ ………………………………………………………………………… 132

あとがき　134

❖このシリーズで使用する記号一覧❖

【区分の記号】

Ａ Ｂ Ｃ …	大きな区分とその順序
Ａ⎴	第1主題部分
Ｂ⎴	第2主題部分
前	前半部分
中	中間部分
後	後半部分
提	提示部分（主旋律など）＝提示部
展¹ 展² …	主題等による展開的部分＝展開部とその順序
再	提示部分の再現＝再現部
経¹ 経² …	経過的部分＝経過部とその順序
移	移行的部分＝移行部
嬉	嬉遊（Divertimento）的部分＝嬉遊部
ˡ提 ᵛ経 …	提示部分や経過的部分の調性
Coda・**CODA**・CODA	主旋律の結尾部分、楽章の終結部分、全体の終結部分
Ⓐ	主題による提示的な主要部分
間	間奏部分
Intro	導入部分
つなぎ	接続的（繋ぐ）部分

【終止の記号】

⎴	終止におけるメロディ（上声）およびバス（下声）のパターン
全	全終止
不全	不完全な全終止
半	半終止
(半)	主にV₇による不完全な半終止
偽	偽終止
変	変終止
(変)	不完全な変終止

【音・音型の記号】

A___	第1主題（主旋律）
B___	第2主題（対旋律）
ˡA ᵛA ᴵⱽA …	主旋律の調性
ˡB ᵛB ᴵⱽB …	対旋律の調性
①___ ②___	主題部分、または主題の旋律の区分とその順序
前	主題部分の前半
後	主題部分の後半
A′ B″	主題部分の変奏
C D E X Y …	主題以外の独立した部分
T_____	カノンのように長い旋律
a___	第1主題の動機または模倣
b___	第2主題の動機または模倣
a¹ a² a³ …	第1主題中の部分音型とその順序
b¹ b² b³ …	第2主題中の部分音型とその順序
a¹₁ b²₁ …	・部分音型からさらに抽出された音型の順序
c d e x y …	主題以外の動機的音型
・・・・・または・・・・・・	付加部分
My	旋律部分
Cd	和音部分
Bs	低音部分
(S)	フーガの主唱。Sujet の略

(R)	フーガの答唱。Reponse の略
(CS)	フーガの対唱。Contre Sujet の略
(変応)	答唱（R）が変化して応答する部分
∨ ／	同形反復
／ または ──	部分的な音型または動機
×──	部分動機
♩♪♪	抽出された音型または旋律の骨格
○─○─○	抽出された音型または旋律のライン
↓────↓	相対する音型または部分
▬────▬	カノンによる頭距離
〰	同一音型による声部移行
⌒	同一音型の反復
mot¹ mot² …	各部に共通する音型または動機とその順序
♪♪♪ または ♩	和音構成音
［根省］	和音の根音省略
［3欠］	和音の第3音欠如
| |	偶成和音
反	音型の反行形
拡	音型の拡大形
縮	音型の縮小形
変	変奏
延	延長
省	省略形
逆	逆行形

対応	上行に対して下行する、またはその逆の動き
♪ ↓ ♪	特に重要な音、休符、拍
□ 例：− Ⅱ¹(N⁶)	特に重要な和音※例：ナポリのⅡ（ナポリの6度）
♪♪♪	重要な音のつながり
1拍目 2拍目 ↓ ↓	特に強調される拍点（ヘミオラも含む）
主	主音
属	属音
下属	下属音
中	中音
導	導音
カ	経過的転位音
シ	刺繍的転位音
イ	倚音的転位音
ツ	逸音的転位音
セ	先行的転位音
ケ	掛留的転位音
保	保続的転位音＝保続音
Ⅰ保 Ⅴ保	保続音の音度

【その他】

7° 6° 5° …	音程
1 5 7 …	小節番号
(4) (6) (8) …	部分の小節数
f1 f2 …	フレーズの長さ（数字は小節数）

本書の使い方

本書では、アナリーゼに必要な予備知識、またアナリーゼの手順について、主にモーツァルトのソナタ KV545　第1楽章を例に説明します。

● 「予備知識」冒頭では、説明される事柄をモーツァルトのソナタ KV545 第１楽章の冒頭譜例中に示す［ビジュアル・インデックス］を掲載しております。

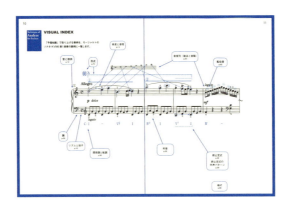

● さらに「予備知識」の項目ごとに、説明される事項をモーツァルトのソナタ KV545 第１楽章の冒頭譜例中に浮き上がらせる［ビジュアル・サンプル］を掲載しております。

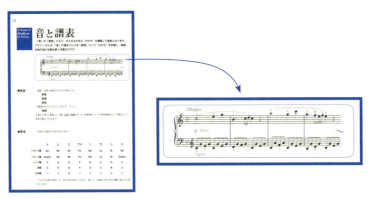

● アナリーゼ譜例は、主に既刊「アナリーゼの技法」シリーズから引用しております。タイトルの略称は、以下のとおりです。

『アナリーゼの技法』シリーズ
バッハ／インヴェンション［Inv］
バッハ／シンフォニア［Sin］
ソナチネ・アルバムⅠ　クーラウ［Kuh］
ソナチネ・アルバムⅠ　クレメンティ［Cle］
ソナチネ・アルバムⅠ　ハイドン／モーツァルト／ベートーヴェン／ドゥシェク［Hay］
ショパン／ワルツ選Ⅰ［Cho1］
ショパン／ワルツ選Ⅱ［Cho2］
シューマン／子供の情景［Sch］
ドビュッシー／アラベスク第1番＆第2番［DebA］
ドビュッシー／ベルガマスク組曲［DebB］

Technique of Analyze for Practice

アナリーゼの予備知識

　何の「準備」も「手順」も無しに、アナリーゼの作業に取りかかるという事は、例えるなら準備体操もしないでプールに飛び込むようなもので、それは無謀と言えるでしょう。

　一定の様式に基づいた厳格な構成による楽曲であればある程、きちんとした「準備」と明確な「手順」を持って作業に取りかかるべきです。

　「準備」とは、楽典に関する深い知識を持っておく事ですから、本書ではまず差し当たり必要な事柄を順次、文章、図表、楽譜および参考譜例等で示します。基本的な事柄ばかりですが、ぜひ確認して下さい。

VISUAL INDEX

Technique of Analyze for Practice

「予備知識」で取り上げる事柄を、モーツァルトのソナタ KV545 第1楽章の譜例に一覧します。

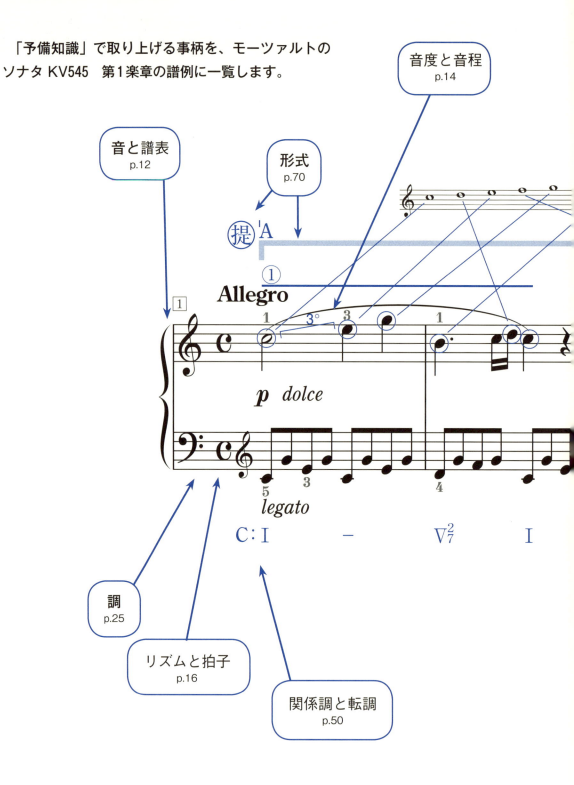

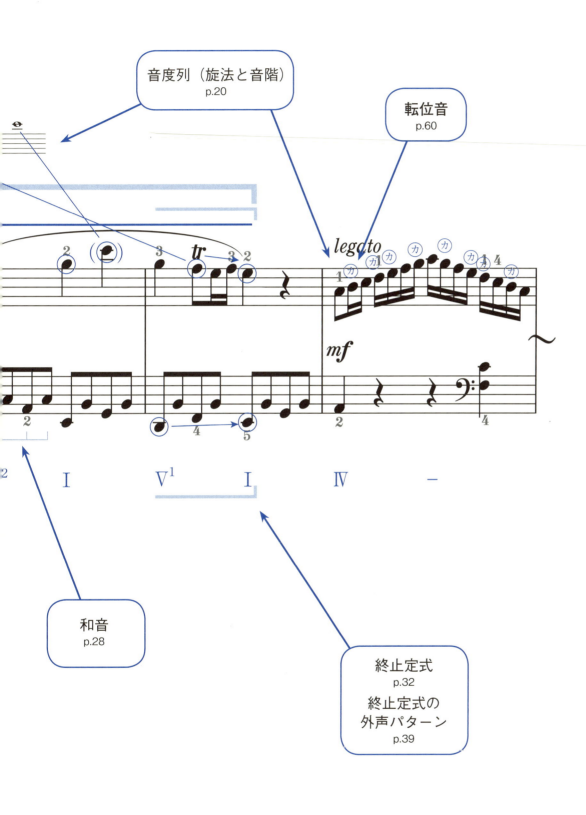

Technique of **Analyze** for Practice

音と譜表

「音」が「音型」となり、さらなる大きな"かたち"を構築して楽曲となります。アナリーゼとは、「音」の連なりによる「旋律」という"かたち"を把握し、楽曲全体の流れを読み解く作業なのです。

● **楽音**

通常、音楽に使用される音＝楽音には、

音高
音強
音色

の3要素があるとされていますが、さらに

時間

を加える事で4要素とし、特に音高と時間の2つを、音楽素材としての基本的成分として踏まえつつ、本書を進めて行きます。

● **音名**

各音には固有の音名があります。

	ド	レ	ミ	ファ	ソ	ラ	シ	ド
イタリア語	Do	Re	Mi	Fa	Sol	La	Si	Do
フランス語	Do(Ut)	Ré	Mi	Fa	Sol	La	Si	Do(Ut)
ドイツ語	C	D	E	F	G	A	H	C
英語	C	D	E	F	G	A	B	C
日本語	ハ	ニ	ホ	ヘ	ト	イ	ロ	ハ

それぞれ8度の各音には、同じ音名が充てられます。従って、8度毎に同じ音名が繰り返される事になります。

- **五線と縦線**　音を記す＝記譜する為に、五本の線＝**五線**を用います。そして、その線上、線間に音を記譜し音高を示します。また、五線内に記譜出来ない高さの音については、五線の上、下に線を加え、**加線**として音を記譜します。

　　縦線（または小節線）は、均等な拍節に基づき音の連なりを**小節**として示すものです。対して**複縦線**は段落の終結を示します（速度や調号の変更の場合等、小節の中においても見られる事があります）。

- **音部記号**　ただ、単に五線のみでは音高を正確に示す事は困難です。たとえ示す事が出来たとしても、限られた音しか対応出来ません。ピアノの鍵盤を見てみましょう。白鍵と黒鍵、合計88の音が並んでいる事が分かります。また、高い音域での音を出す楽器、あるいは低い音域での音を出す楽器等の事を考えるならば、音域に対応する記号も必要となるでしょう。

　　その記号には、𝄞、𝄢、𝄡 による3種類があります。

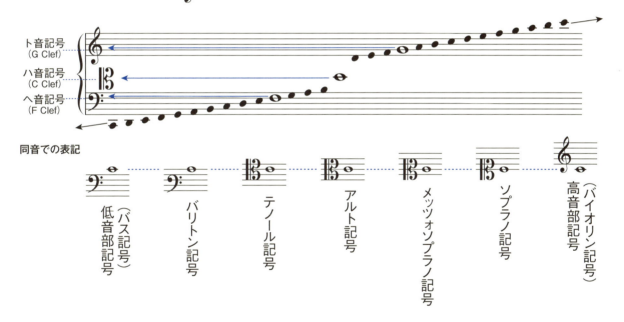

- **大譜表**　ヘ音記号による**低音部記号**と、ト音記号による**高音部記号**とを併合する事により、かなり広範囲の音を記譜する事が出来ます。

Technique of Analyze for Practice

音度と音程

音が、高さを持っている事から、2音間の高低の差が感じられます。さまざまに表れるこの差もまた、アナリーゼにおいては作者の意図を知るための重要な要素なのです。

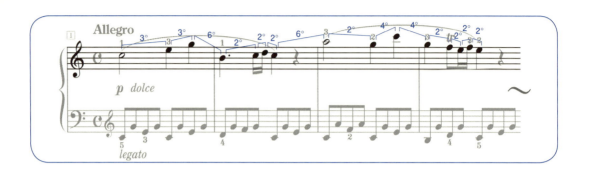

● **音度**　2音間の高低の差を、**音度**という、いわば物差しで測る事が出来ます。

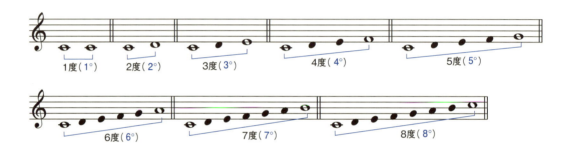

● **8度の分布**　8度に含まれる7音の音名は、各8度に同じ音名が繰り返し充てられます。
　　そして、音名に・や数字をつけたり、大文字と小文字で区別したり等すれば、高さも含めて正確に音を表す事が出来ます。

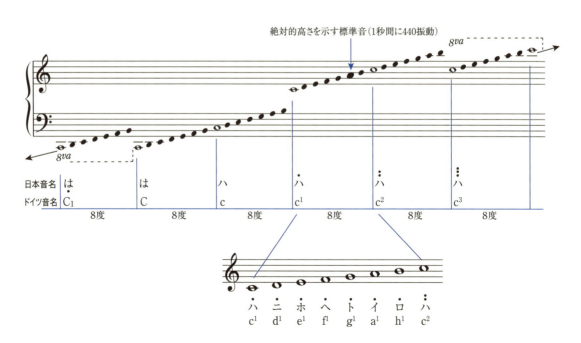

● **音程**　　音度間の響きは**完全／長／短／増／減**　等によりさらに細かく明らかにする事が出来ます。これが**音程**です。

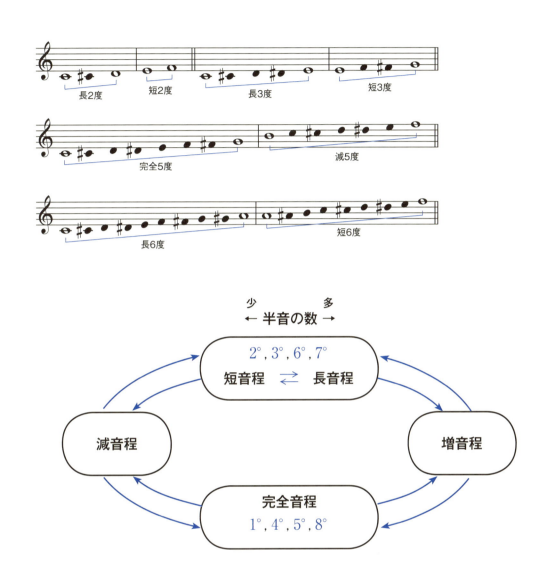

(付記) 長と短、完全と減は音の間にある半音の数によって決まります。

Technique of **Analyze** for Practice

リズムと拍子

　音価の組み合わせの"かたち"であるリズム音型、拍、拍子。これらが繰り返され継続される事により、時間の経過と共に、音楽の流れを楽しむ事が出来ます。同時に、これらの"かたち"の拡大・縮小にも作者の意図がありますから、これもまた重要なアナリーゼの要素なのです。

●**音価**　　音の時間的要素、すなわち長さを**音価**と言います。

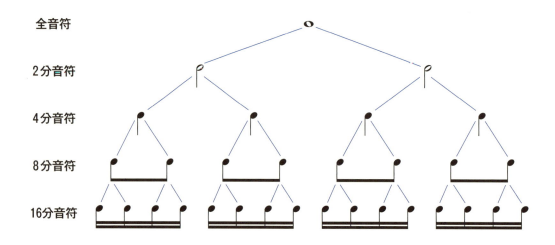

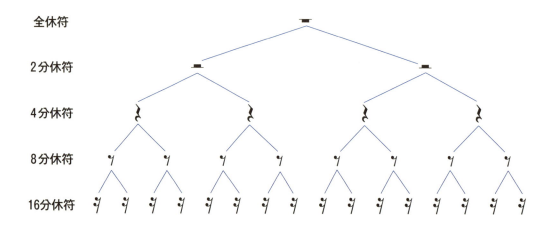

●リズム音型

高さを有する音が、いくつか連続的に、音価を伴って連なる事によって、1つの音の集まりが形成されるでしょう。それがまとまりを感じさせるとしたら"かたち"として認識されるでしょう。

これら音の集まりによる時間を表す要素＝音価の組み合わせの"かたち"がすなわち**リズム**です。リズムが与えられたとしたら、"かたち"はより明らかになる事でしょう。こういった、さまざまな音符や休符の組み合わせによる最小限のまとまりを**リズム音型**と言います。

●拍と拍子

音楽の最小限のまとまりであるリズム音型が、何らかの存在感を持つ為には、**拍**という単位が必要です。

そして、拍の連なりが一定の秩序を持つ"かたち"を、**拍子**と言う事が出来ます。主な拍子を以下に挙げます。

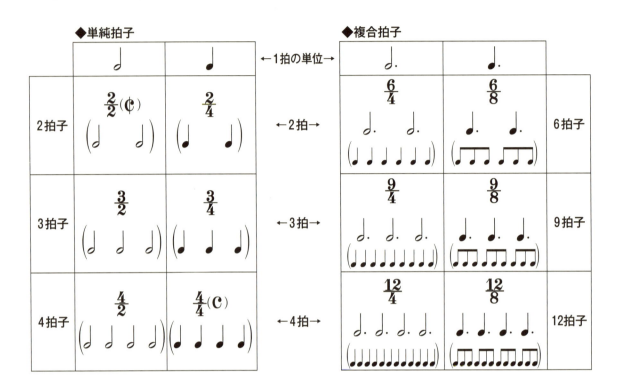

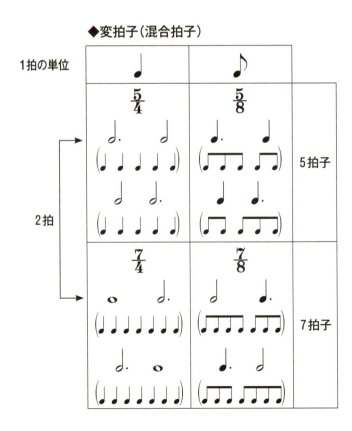

●拍子感

拍子は、単に拍数を数えるだけの事柄ではありません。各種拍子には、固有の**拍子感**があります。それこそが、旋律や音楽の流れに情趣を与えているのかもしれません。

拍子感は、**深く感じる拍（強拍）**と**浅く感じる拍（弱拍）**の組み合わせによるものです。それぞれの拍子における強拍と弱拍を、以下に図示します。拍の数字を○で囲んでいるのが強拍、それ以外が弱拍となります。

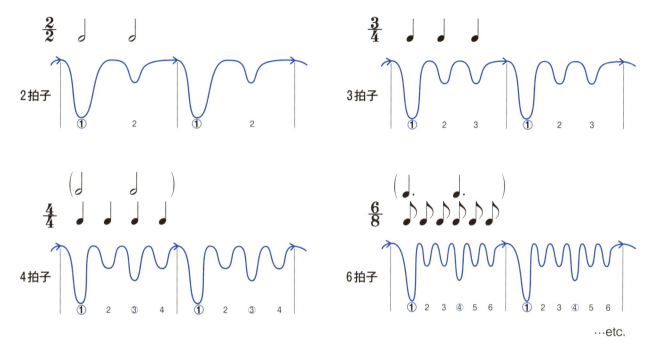

小節の1拍目と、大きな1拍の単位にあたる拍（4拍子なら3拍目、6拍子なら4拍目）に規則的に深く感じる拍が現れます。この深く感じる拍と浅く感じる拍との組み合わせによるパターンが、繰り返され継続される事により、音楽の流れを楽しむ事が出来るのです。

（付　記）4拍子は2拍子の複合拍子と言っても良いかもしれません。

音度列（旋法と音階）

音度や音程による"かたち"の有り様は、音名と8度の分布が示すように、ある音から次の同名の音に至る音度列の雰囲気を踏まえたものですから、これもまたアナリーゼの作業に欠かせない知識です。

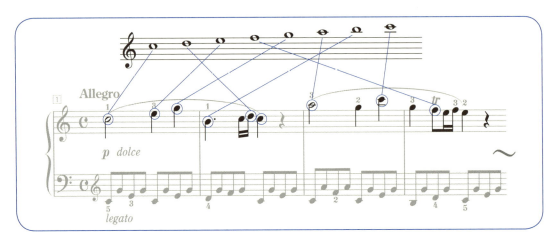

● **音度列**　　ある開始音からその同名の音に至る8音の音列を本書においては**音度列**と言います。

◆ 旋法（教会旋法）

まずは、🎼 から 🎼 に至る各音を開始音とした音度列を示してみましょう。

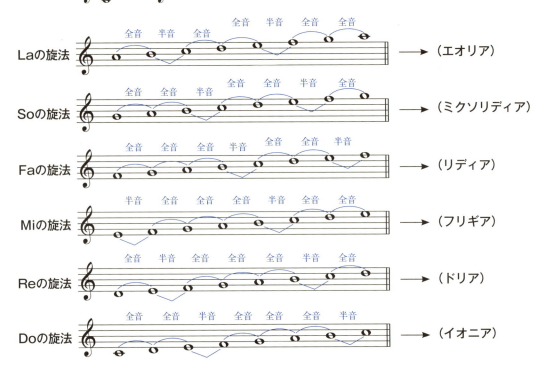

それぞれ8音による音度列は、いずれも5つの全音（長2度）と2つの半音（短2度）を有するもので、半音の位置関係の違いによりその音度列が醸し出す雰囲気が異なります。これらの音度列を

旋法（教会旋法）と言い、Doの旋法は古典的音楽の長調（Dur）、同様にLaの旋法は古典的音楽の短調（moll）の基礎となります。

(付記) 教会旋法は、古代旋法に基づいているとはいえ歴史的変遷による問題点等もありますが、本書では、学習上の便宜に基づいてその名称数種のみを対応させる事とします。

◆長音階と短音階

Doの旋法の音度、音程関係による の音度列を、続く から同様の音度、音程関係で上方へ延長すると、 から までの、明らかなまとまりを感じさせる8音による音階になります。これが**長音階**です。

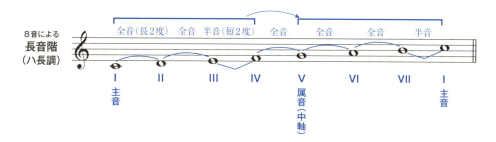

長音階の音度Ⅰ、Ⅳ、Ⅴに対して、音度Ⅲ、Ⅵ、Ⅶを旋法的に変化させる事により、同じく8音のまとまりによる**短音階**になります。前項で述べたように、これはLaの旋法の音度、音程関係によるものです。

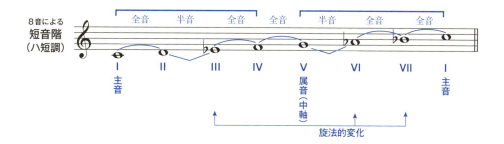

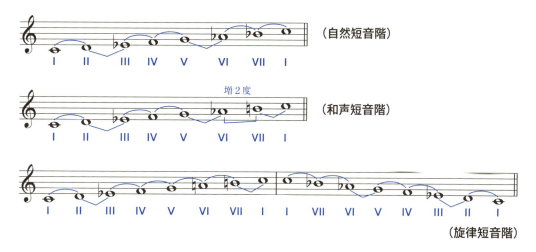

◆**半音階**　すべての音程が短2度＝半音である音度列が、**半音階**です。長音階、短音階は共に半音階上に存在するものである事から、隣接する半音との関係、関連が構造的に重要である事は言うまでもありません。

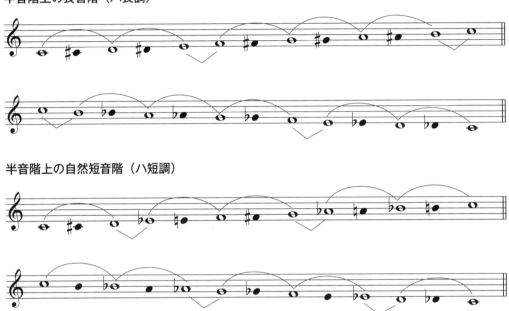

◆**全音音階**　半音階に対して、すべての音程が長2度＝全音の音階が、**全音音階**です。半音を加えたDoからDoまでの12音列は、6音による全音音階を導き出すと共に、12音の音列による音楽を示唆していて興味深いものがあります。

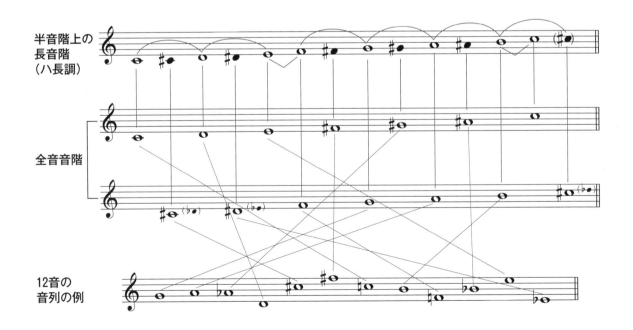

●音階音の機能

これら一定の音度、音程関係による長音階、短音階を構成する音を本書では**音階音**とします。そして音階の7音のまとまりは、例えば長音階のDoから次のDoまでが音階音によって充填されたことで生じる、さまざまな音の関係、もしくは関連があればこそ感じ取る事が出来ると言えるでしょう。音名はもとより、音度や音程に基づく音階音、主音で開始し属音（中軸）を通って同名の主音に至る音階音、さらには、循環する音階音、扇型に展開する音階音の有り様等は、主音を中心とする機能的な関係を示していて明確です。この事は、音階に基づく**調**というものの組織の土台を示していると言えます。

◆中軸を通る音階音

主音に始まり、中軸となる属音を経て主音に至る音階音を確認しましょう。

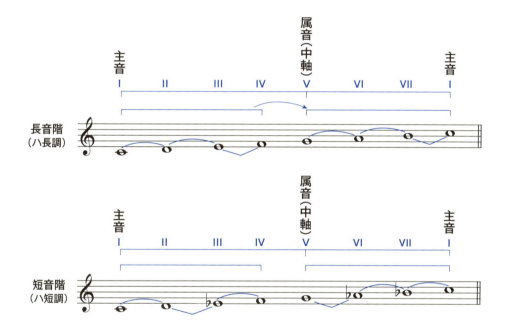

◆循環する音階音

主音から開始して5度ずつ下の音階音を辿ると、7回目に主音へと戻ります。同様の循環は、3度、4度、6度、7度においても行われます。

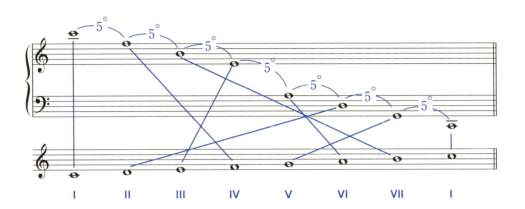

◆扇形に展開する音階音

主音を中心に、2度、3度、5度の音度でもって音階音を展開すると、主音への指向性に由来する各度の機能を表す、扇形の図形を描く事が出来ます。

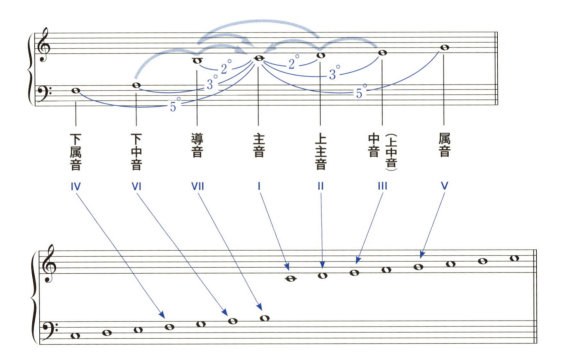

実際の旋律に音階音の機能をあてはめてみましょう。主音への指向性、機能の力関係が旋律の"流れ"を形作るのです。

Technique of Analyze for Practice

調

調は楽曲の背景として絶えず流れを牽引する存在です。特に、その曲の主調は主柱とも言うべき存在で、アナリーゼの作業の為に調の知識は無くてはならないものです。

● **固有音**

長音階に基づく調を**長調**、短音階に基づく調を**短調**と言います。そして、長調、短調それぞれの音程関係に基づく7音、すなわち音階音をその調の**固有音**と言います。

固有音の中でも音階の開始音でその調の主たる音となる第1音を**主音**と言い、これをⅠとします。主音を基準とする音度関係により、第2音＝Ⅱ、第3音＝Ⅲ…と順番づけられ、固有音の度数が決定づけられます。前項で確認したとおり固有音は度数によって機能に基づく名称がありますが、特に重要なものは第5音(Ⅴ)の**属音**、そして第4音(Ⅳ)の**下属音**です。主音と属音、下属音の3音によって調が決定付けられると言えるでしょう。

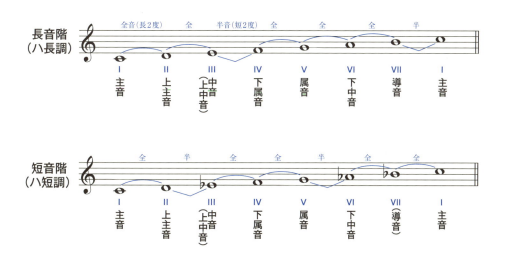

（付 記） 短音階の第7音は、和声短音階ならびに旋律短音階（上行）において半音高められる事により、導音として機能を果たします。

●調名と調号

調名は、当然の事ながら音階の開始音である主音によるものです。

そして、長音階、短音階の7音の音程関係を維持する為に、主音＝開始音によって音階音に変位記号（♯と♭）を付ける必要があります。変位記号の付かないハ長調を基準に、変位記号がつく順番に音部記号の右側に記されるのが**調号**です。

Do＝ハから始まる長音階

ハ長調

So＝トから始まる長音階

ト長調

Do＝ハから始まる短音階

ハ短調

以下に、半音を含めた12音すべてによる長調と短調の調号と主音を示します。本書では以降、調名を主音のドイツ音名と：で、長調を大文字、短調を小文字で表記します。

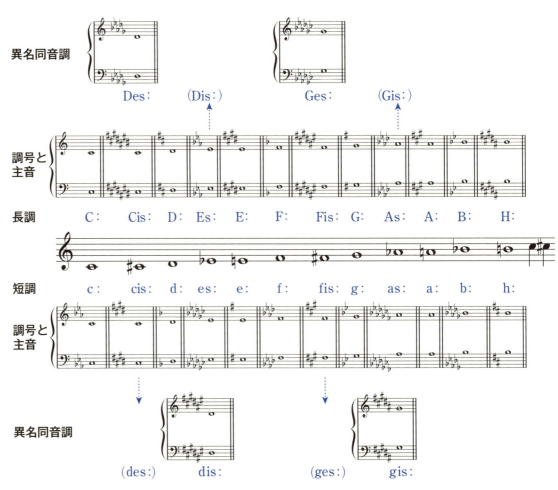

付 記　（　）内の異名同音調については、一般的に調号が表記される事はありません。

◆調の5度循環

半音階上の12音を5度ずつ上方に循環させると、すべての調の主音を辿る事が出来ます。また、この循環は調号の増減と密接にかかわっている事も非常に興味深い事柄です。

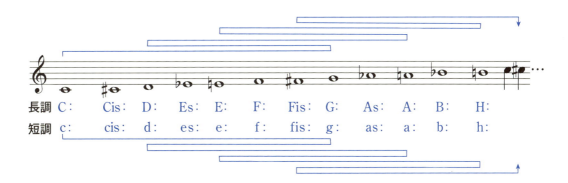

◆調号が付加される順番

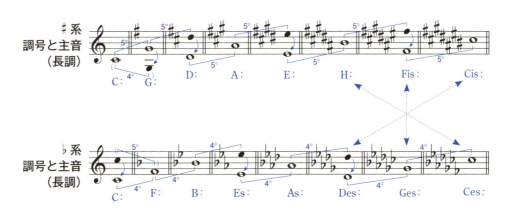

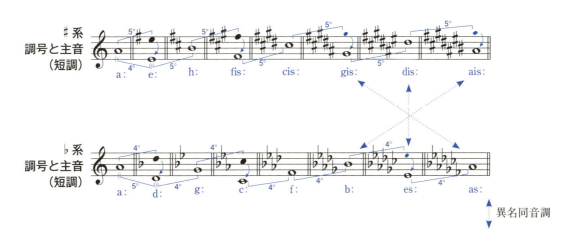

●調判定

楽曲の調を判断する最も大きな手がかりは、調号です。そして多くの場合楽曲は主音で終わりますので、最終音を確認すると主音が分かり、ここから長調か短調かが決定付けられ、主調が判断出来るでしょう。

◆臨時記号

調号によらず音を変位させる為に使われる変位記号（♯、♭、♮）を**臨時記号**と言います。楽曲の途中で調を変える場合に使われますので、その部分の調の判断を行なう場合の非常に大きな目安となります。

和音

音楽は、さまざまな要素によって構成された極めて多様性のある構築物であると言えますが、中でも和音はとても重要な役割を担っています。

●和音の形体

和音とは、2つ以上の音が同時に鳴る状態を指しますが、以下の要件を満たす和音は、調性音楽において骨格となる、最も重要で不可欠なものです。

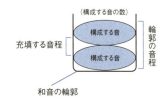

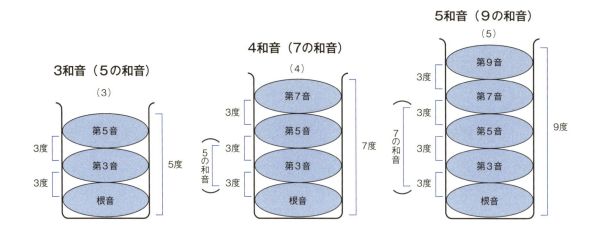

●固有和音

音階の固有音上に構成されるそれぞれの和音は、その固有音の音度とその機能を担う**固有和音**となります。

（付 記）固有和音は、固有音上に生成されていますので、当然、固有音が根音となります。

●和音の連結

◆和音の分類

和音は、連結して行く事によって音楽を先へと進め、旋律やリズムの背景としての役割も果たしつつ、終止に至る流れを導いて行きます。従って、ある種の規則性があります。

固有和音が担うべき機能は**T（トニック）機能、S（サブドミナント）機能、D（ドミナント）機能**の3つです。これにより以下のように分類できます。

機能	該当する和音
トニック　T(Tonic)	Ⅰ　Ⅵ
ドミナント　D(Dominant)	Ⅴ
サブドミナント　S(Subdominant)	Ⅳ　Ⅱ（D2）

◆循環する和音と3機能

図のように中心となるⅠのT（トニック）機能に対して、右回りでかかわるD（ドミナント）機能、そして左回りでかかわるS（サブドミナント）機能から作り出される規則性を、本書では**カデンツ公式**と呼びます。以下の主たる3つのカデンツ公式に、該当する和音を入れ込む事によって、流れは確実に和声フレーズの段落、つまり終止に向かって導かれる事でしょう。

カデンツ公式
- T － D － T
- T － S － T
- T － S － D － T

◆カデンツ公式による終止

カデンツ公式によって導き出される終止には、次の4つがあります。

	記号	和音構成	機能	句読点ニュアンス
全終止	全	→Ⅴ→Ⅰ	→D→T	ピリオド
偽終止	偽	→Ⅴ→Ⅵ	→D→T	セミコロン
半終止	半	→Ⅴ	→D	コロン
変終止	変	→Ⅳ→Ⅰ	→S→T	ピリオド

(付 記) カデンツ公式があてはめられた終止すなわち**終止定式**は、アナリーゼを行う上で重要な作業となる「終止箇所を見つける」ときに必ず使います。充分に理解し、身につけましょう。

●和音連結における留意点

和音は、前後関係の無いまま単独で使用される事は基本的になく、その中でいくつかの原則があります。

◆共通音（ ⌒→ ）

流れを形成して行くという意味において、前後の和音同士の共通した音を尊重する、というものです。

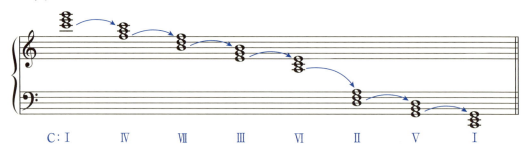

◆限定進行音（ → ）

次の和音に向かって連結するときに、解決という定められた進行をする音がある、というものです。代表的なものに、長音階、短音階の第7音である導音があります。

導音を含むⅤ、その4和音であるⅤ₇の第7音、5和音であるⅤ₉の第9音も同様ですし、付加6音も同様です。

以下に、カデンツ公式に則った和音連結において留意点を順守した進行例を示します。

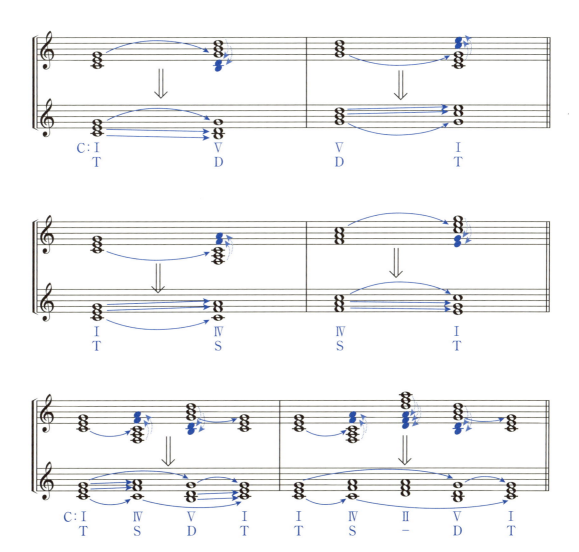

Technique of Analyze for Practice

終止定式

アナリーゼの作業で最も重要な事柄は、楽曲の区分を見つける事で、全体像を把握する事です。終止定式は何らかの区分を示すものですから、必須の知識であり、深い理解が求められます。

　文章における句読点と同様に、曲においても区切りがあって、それまでの内容等を総括する意味合いを持つ終止箇所があります。その箇所における<u>カデンツ公式があてはめられた和音の連結パターン</u>を**終止定式**と言います。

　終止定式はさまざまに存在するのではなく、ほぼ一定である事から、最も基本的なパターンを知るべきでしょう。そこで、本書では以下の3種を取りあげます。

　　　T－D－T
　　　T－S－T
　　　T－S－D－T

●T－D－T

◆四声体による和音連結

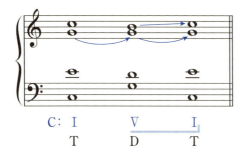 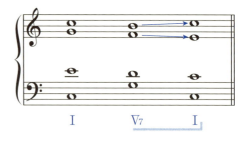

◆ピアノ様式（→p.68参照）による伴奏型の例

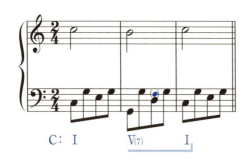 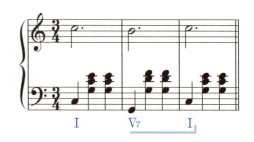

◆実際の曲における例

クーラウ：ソナチネ Op.55 No.1　第1楽章

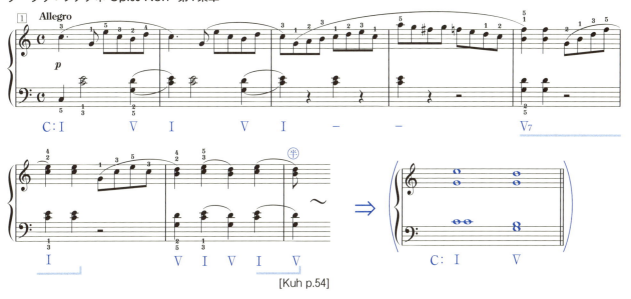

[Kuh p.54]

クーラウ：ソナチネ Op.20 No.1　第1楽章

[Kuh p.11]

●T−S−T

◆四声体による和音連結

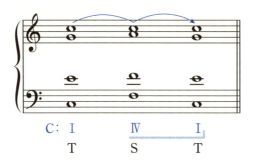

◆ピアノ様式による伴奏型の例

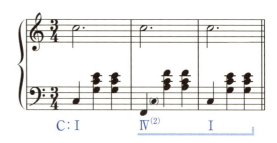

◆実際の曲における例

シューマン：子供の情景　第3曲「鬼ごっこ」

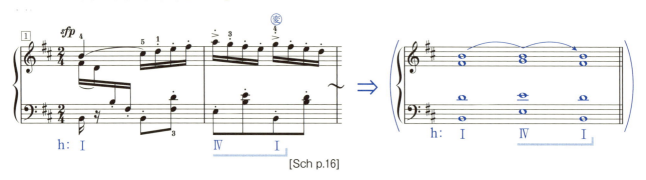

[Sch p.16]

クレメンティ：ソナチネ Op.36 No.5　第1楽章

[Cle p.46]

ブルクミュラー：25の練習曲　第25曲「貴婦人の乗馬」

┗→ °Ⅳは同主調（ハ短調）からの借用和音

● T−S−D−T

◆ 四声体による和音連結

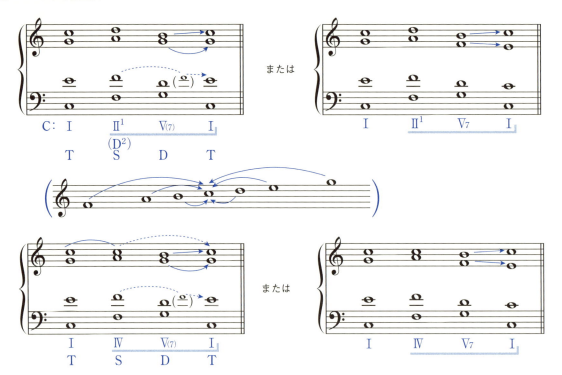

◆ 実際の曲における例

クーラウ：ソナチネ Op.20 No.1 第1楽章

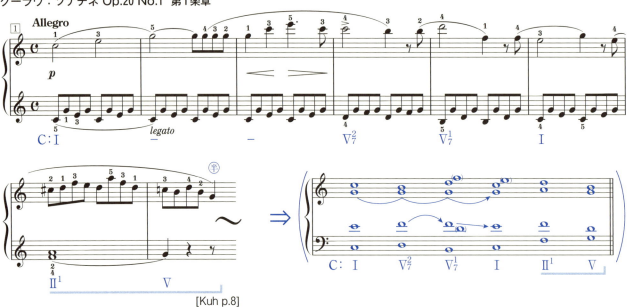

[Kuh p.8]

クーラウ：ソナチネ Op.55 No.3 第2楽章

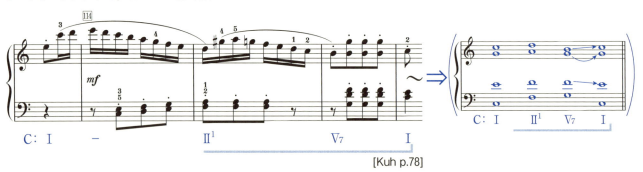

[Kuh p.78]

クーラウ：ソナチネ Op.55 No.2 第3楽章

[Kuh p.66]

シューマン：子供の情景　第1曲「見知らぬ国と人々について」

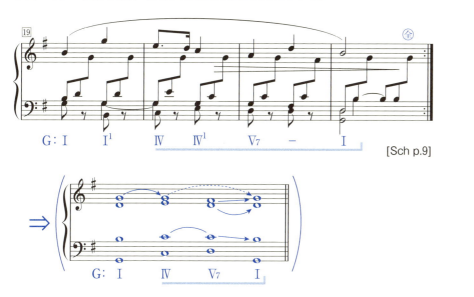

[Sch p.9]

●強められたD－T

I²-Vを使用する事で**強められたD－T**を持つパターンがあります。

◆四声体による和音連結

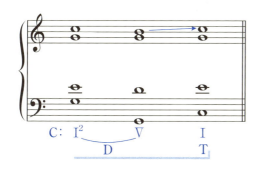
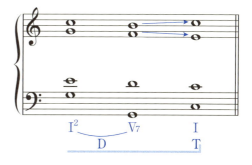

前半部分のT、あるいはT－Sには以下のような和音をあてはめる事が出来ます。

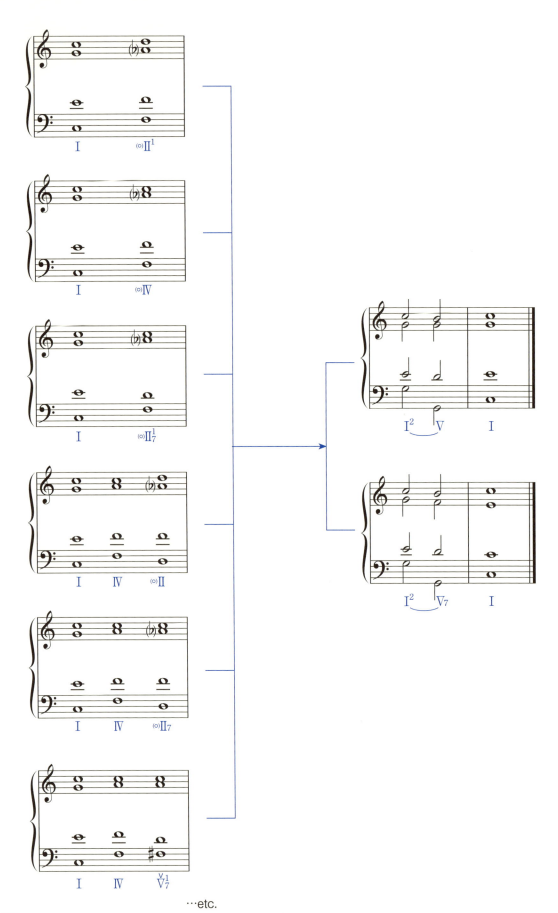

…etc.

付　記　和音記号に ° が付く、♭ によって低められた下中音を持つ和音は、同主調からの借用和音です。また、♯ によって高められた下属音をもつ V̌₇ の和音は、属調からの借用和音です。

終止定式の両外声のパターン

終止定式の和音連結においては、音の動きについてある程度定まった"かたち"があります。そのパターンを知る事は、的確なアナリーゼの作業に結び付きます。

●終止定式のメロディとバス

終止定式に見られる、特に高音位におけるメロディおよび低音位におけるバスのパターンは、和声の両外声という意味合いからも極めて際立つ存在であり、<u>終止定式の型とニュアンスを明らかにするもの</u>です。これらは、<u>音階を基礎としている</u>事は言うまでもありません。

◆音階音から見るメロディとバスのパターン

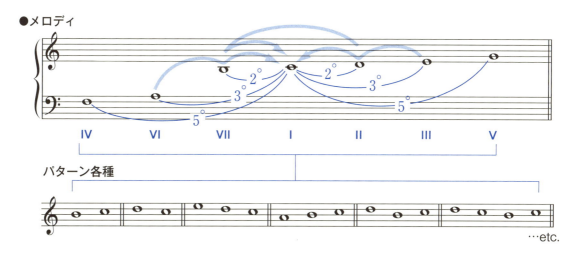

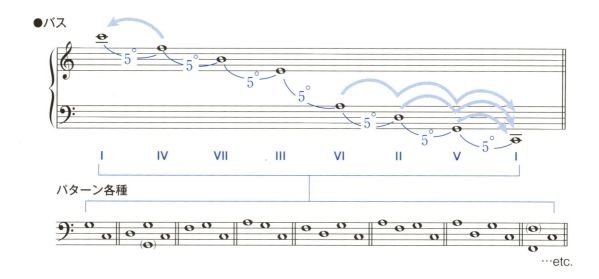

◆カデンツ公式S-D-Tによる終止定式から見るメロディとバスのパターン

●メロディ

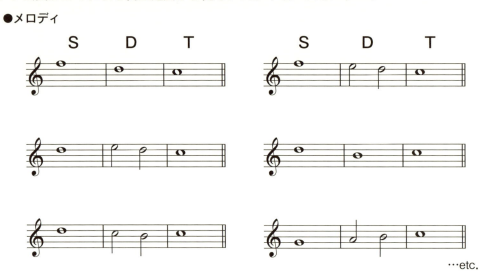

…etc.

●バス

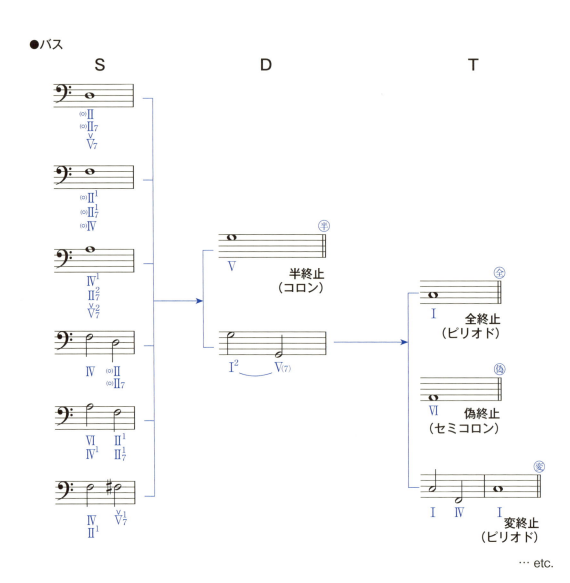

… etc.

以下に挙げる、実際の曲における両外声のパターンを読み解いてみましょう。　　　内に注目して下さい。2か所のみ例を示しますので、参考にして下さい。

クレメンティ：ソナチネ Op.36 No.2　第1楽章

[Cle p.17]

ハイドン：ソナタ Hob.XVI/35　第2楽章

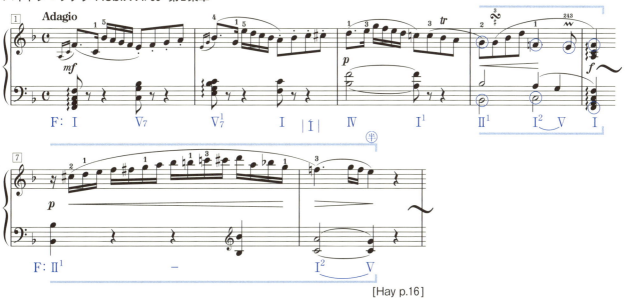

[Hay p.16]

ベートーヴェン：ソナタ Op.49 No.2　第2楽章

[Hay p.49]

ベートーヴェン：ソナタ Op.49 No.1　第1楽章

[Hay p.55]

ベートーヴェン：ソナタ Op.49 No.1　第2楽章

[Hay p.61]

クレメンティ：ソナチネ Op.36 No.6　第2楽章

[Cle p.70]

クレメンティ：ソナチネ Op.36 No.6　第1楽章

[Cle p.67]

クレメンティ：ソナチネ Op.36 No.5　第3楽章

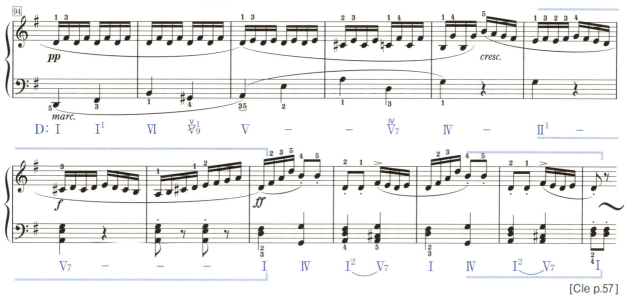

[Cle p.57]

●ピアノ様式における伴奏型のパターン

　これらの定式を踏まえた、ピアノ様式（→p.68参照）におけるバスパターン＝伴奏型を可能な限り列挙します。パターンを踏まえれば、おのずとアナリーゼの作業がはかどるでしょう。

● I − V(7) − I

◆四声体による和音連結

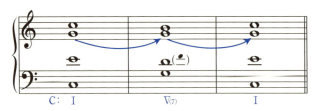

◆和音の分散、転回による連結

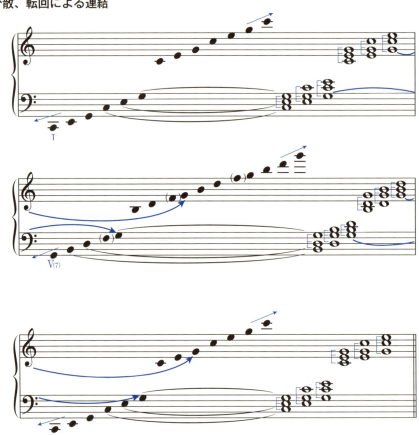

◆伴奏型のパターン

● $I-II^1-V_{(7)}-I$ または $I-II^1-I^2\ V_{(7)}-I$

◆四声体による和音連結

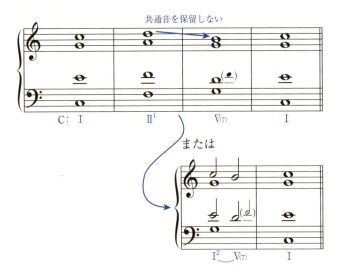

◆和音の分散、転回による連結

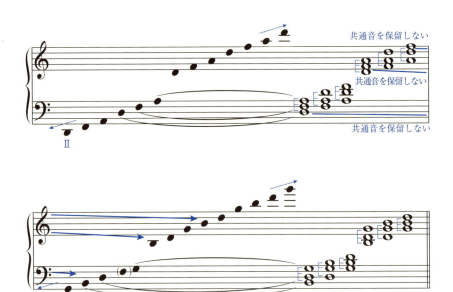

◆伴奏型のパターン

● $I - VI - IV - II^1 - I^2 \frown V_{(7)} - I - IV - I$

◆四声体による和音連結

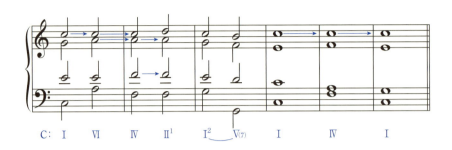

◆和音の分散、転回による連結

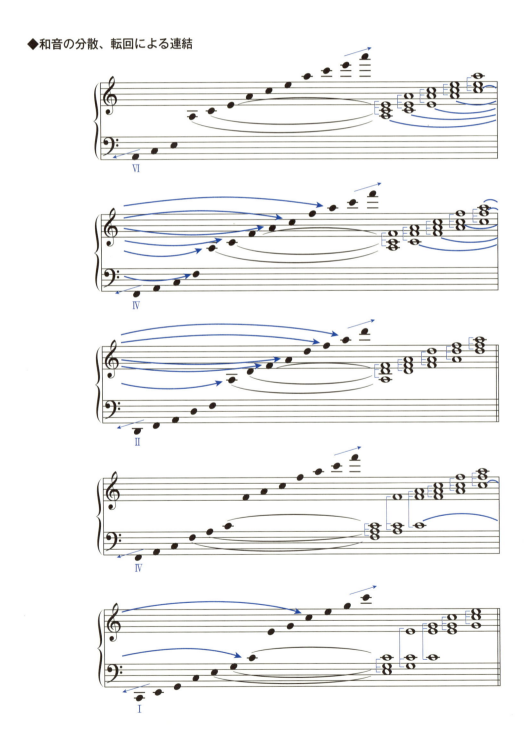

◆伴奏型のパターン

関係調と転調

極めて多様性のある構築物としての音楽の"つくり"を繙くためには、楽曲が、ある調を中心に、関係調へと転調して行く事によって"流れ"が進められ、かつ、道筋がつけられている事への理解が欠かせません。調同士の音度関係や長短関係の配分は、楽曲の趣にかかわるのと同時に、楽曲全体の構造を明らかにする為に極めて重要なのです。

●関係調の一覧

それぞれの調には、その音階音それぞれを根音として構成される3和音を主和音＝Ⅰとする、幾つかの調が存在します。これらの調を、その調の**関係調**または**近親調**と言います。

以下の一覧で、関係調にはどのような調があるか、そして、音階音の機能に基づく近親関係を理解しましょう。

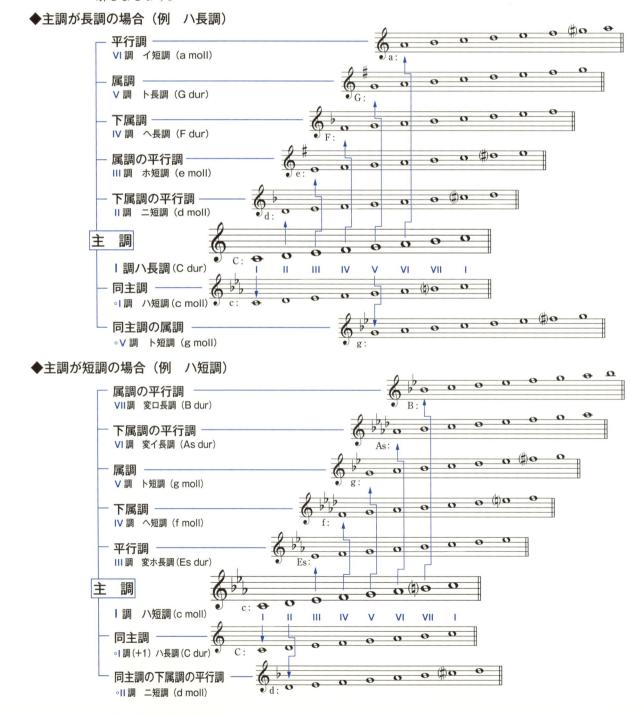

●音に基づく関係調

半音階上に示す音階から、関係調を導き出してみましょう。

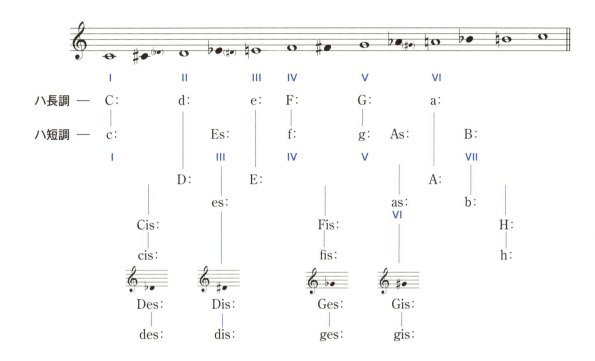

●関係調の相関図

関係調を、主調を中心とした以下のような図で表すと、近親関係が明瞭になります。

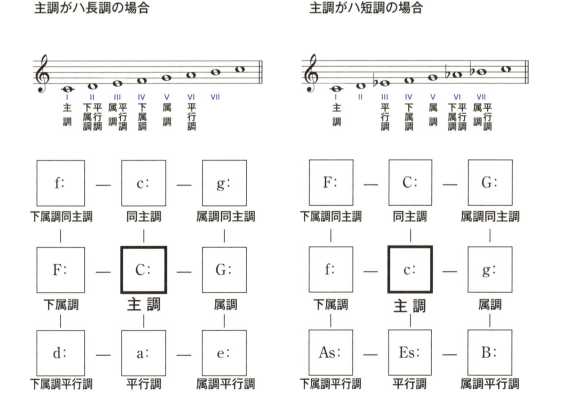

●移調

転調の手がかりとして、まず終止定式の**移調**を試みましょう。終止定式は、転調が行われるきっかけとなる箇所の一つです。

例：ハ長調

例：ハ短調

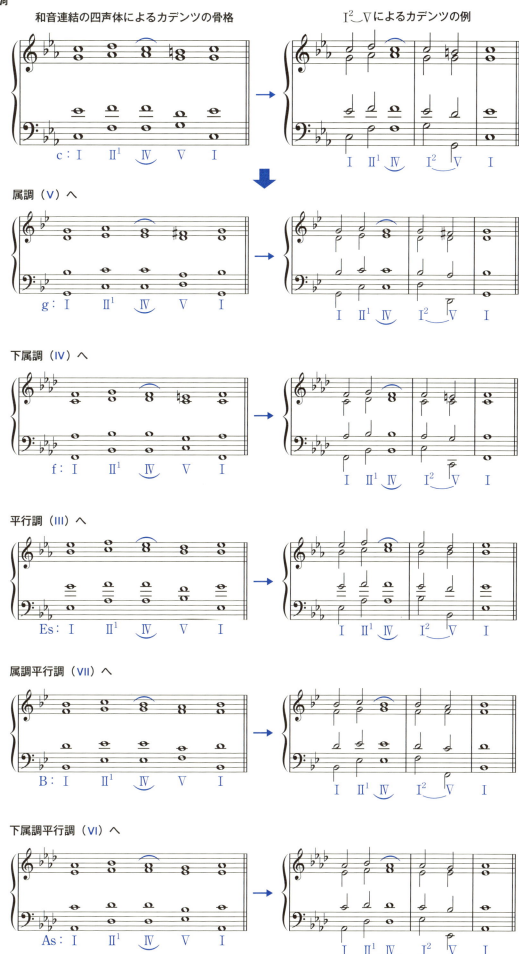

●転調

前項の移調を考慮しながら、終止定式をきっかけとする転調を試みましょう。関係調を図示しておきますので、転調による"ゆれ"の起伏の大小の参考にして下さい。

例：ハ長調

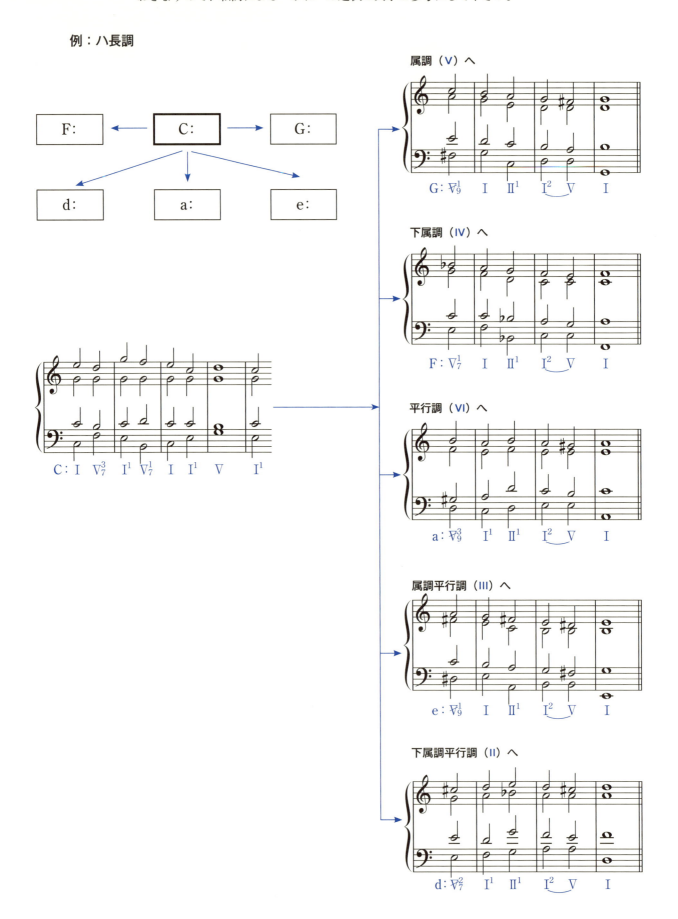

例：ハ短調

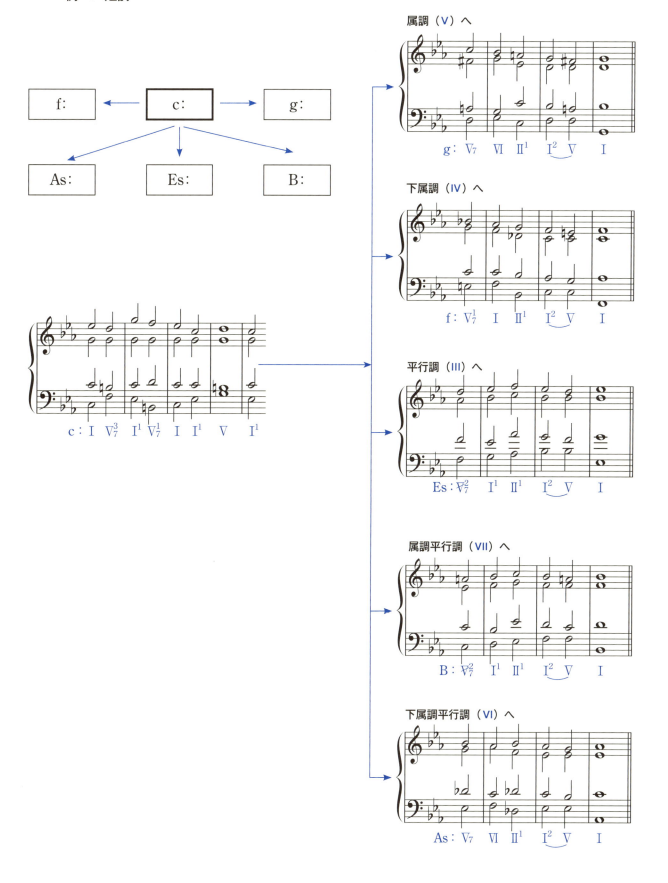

●実際の曲における転調

◆主調（I）から属調（V）へ

クーラウ：ソナチネ Op.20 No.2 第3楽章

[Kuh p.29]

ベートーヴェン：ソナタ Op.49 No.1 第2楽章

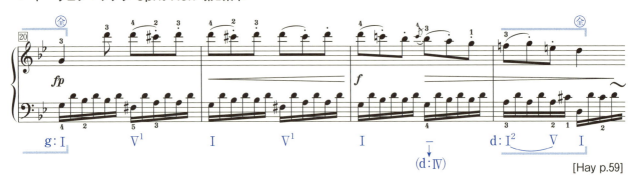

[Hay p.59]

ショパン：ワルツ Op.34 No.1

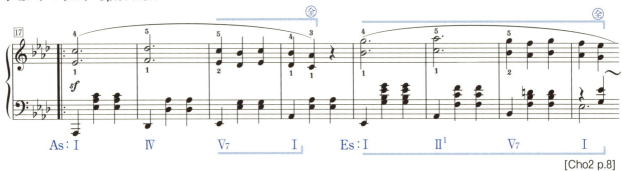

[Cho2 p.8]

シューマン：子供の情景 第2曲「不思議なお話」

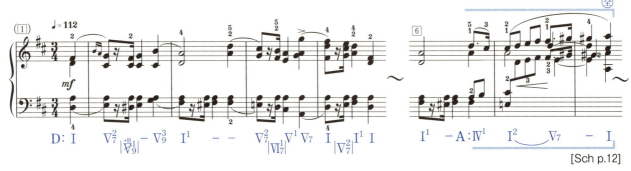

[Sch p.12]

◆主調（I）から下属調（IV）へ

クレメンティ：ソナチネOp.36 No.4 第1楽章

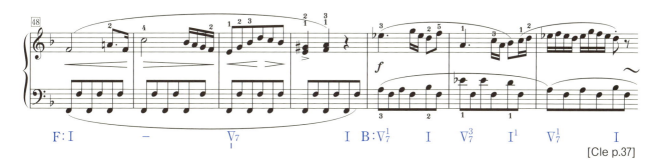

[Cle p.37]

ベートーヴェン：ソナタ Op.49 No.2 第1楽章

[Hay p.43]

◆主調（I）から平行調へ　（主調が長調の場合は（VI）へ、短調の場合は（III）へ）

ブルクミュラー：25の練習曲　第25曲「貴婦人の乗馬」

ベートーヴェン：ソナタ Op.49 No.1 第1楽章

[Hay p.54]

◆主調（I）から属調平行調へ （主調が長調の場合は（III）へ、短調の場合は（VII）へ）

クーラウ：ソナチネ Op.20 No.3 第2楽章

[Kuh p.43]

◆主調（I）から下属調平行調へ （主調が長調の場合は（II）へ、短調の場合は（VI）へ）

シューマン：子供の情景　第13曲「詩人は語る」

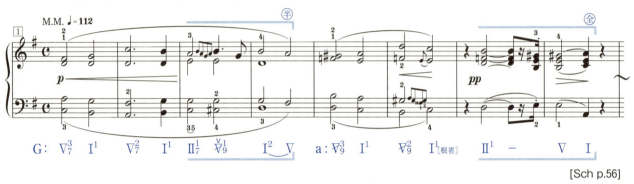

[Sch p.56]

◆その他

① 主調（I）から同主調（°I）～同主調の平行調（°III）へ

モーツァルト：ソナタ KV545 第2楽章

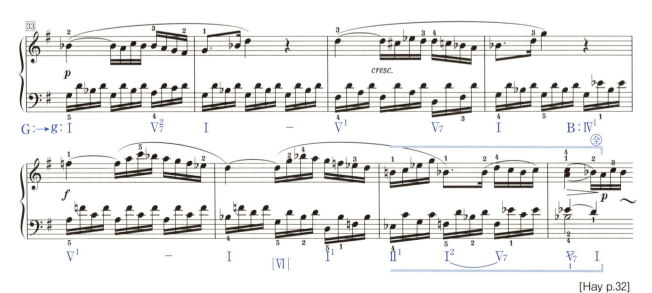

[Hay p.32]

② 主調（I）から平行調〜属調平行調〜平行調へ

クーラウ：ソナチネ Op.20 No.1　第3楽章

[Kuh p.14]

③ 主調（I）から平行調〜下属調〜下属調平行調〜主調へ

ベートーヴェン：ソナタ Op.49 No.1　第2楽章

[Hay p.62]

Technique of Analyze for Practice

転位音（非和声音、和音外音）

音型の骨格を成すのが和声と和声音であるならば、繋ぐ、あるいは肉付けする和声音ではない音、つまり転位音の存在は、例えば旋律等を形作る上で欠かせません。和声音と転位音の選び方には、明らかに作者の個性が表出し、興味深いものがあります。

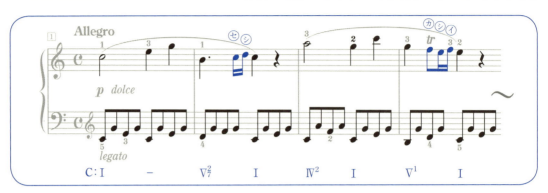

●構成音と転位音

音楽が、連結された和音を中心に先へと進められて行くとき、そこには和音を構成する音とそうではない音が発生します。

その場の和音を構成している音を「**構成音**」（または「和声音」）、それ以外を「**転位音**」（または「非和声音」「和音外音」）と言います。

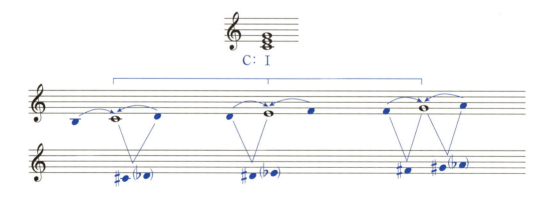

実際の楽曲においては、和音を取り巻く音達＝転位音によって構成音への飾り付けが行われる事で、特に旋律において細やかな動き、また流動性に富んだ魅力が作り出されています。

ここでは、転位音の中でも極めて明確なイメージを持つ代表的な"かたち"を例示します。

◆**経過的転位音（カ）**

　離れた高さの構成音同士を繋ぐ、経過的な"かたち"を持つ転位音です。従って、極めて流動性に富む性質を持っています。

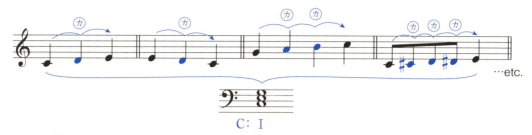

◆**刺繍的転位音（シ）**

　同じ高さの構成音同士を繋ぐ、刺繍的な"かたち"を持つ転位音です。従って、滑らかにして極めて表現力豊かです。

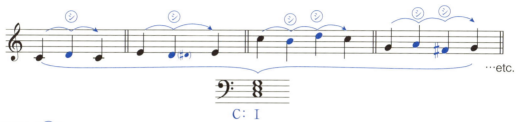

◆**倚音的転位音（イ）**

　構成音そのものを飾り付ける"かたち"を持つ転位音です。経過的転位音（カ）、刺繍的転位音（シ）のように先行する構成音を持たない上に、原則的に強い拍節上に置かれる事から、構成音を強調する緊張感があります。

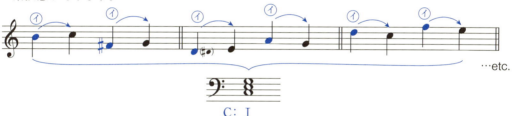

◆**逸音的転位音（ツ）**

　構成音同士を繋ぐ経過的転位音（カ）や刺繍的転位音（シ）のように直接的ではなく、間接的に他の構成音に至るのが逸音的転位音です。異なる和音の連結における場合が多く、中でも極めて多く見られるのが終止定式 $V_7 - I$ の進行における"かたち"です。また、同一和音内においても見られます。

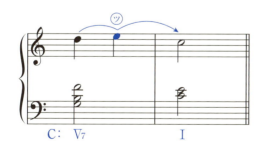 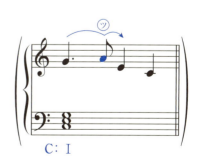

◆先行的転位音（セ）

　　特に、異なる和音の連結において、後続和音の構成音が先行和音を飾る"かたち"となる転位音です。逸音的転位音（ツ）同様、終止定式 $V_7 - I$ の進行上によく見られます。かなり流れを抑制する感じを持ちます。

◆掛留的転位音（ケ）

　　構成音そのものの飾り付けの"かたち"としては倚音的転位音（イ）と言えますが、先行和音の構成音がタイで後続の和音構成音内に持ち越される事によって、掛留的な"かたち"となる転位音です。やはり終止定式における $V_7 - I$ に多く見られます。

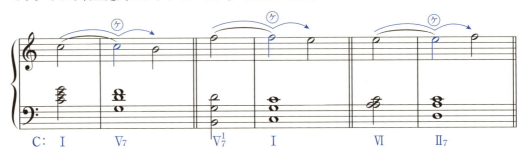

◆保続的転位音（保）

　　構成音が、和音進行において、時には和音構成外となっても同一声部において保続され、再び構成音としての位置に戻る"かたち"をとる転位音です。一般的に低音位において多く見られ、音としては音階の主音（I）であったり属音（V）であったりします。

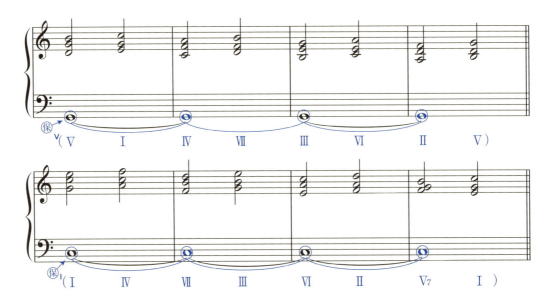

●実際の曲における例

では、実際の楽曲における転位音を見てみましょう。

J.S.バッハ：インヴェンション　第14番

J.S.バッハ：インヴェンション　第5番

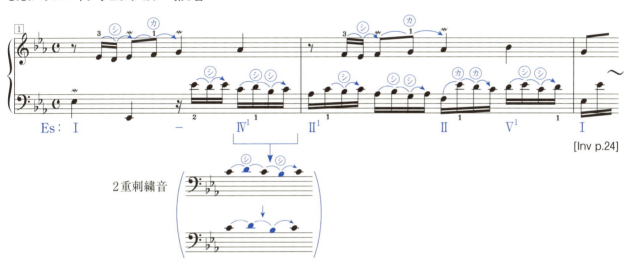

クーラウ：ソナチネ Op.20 No.1　第1楽章

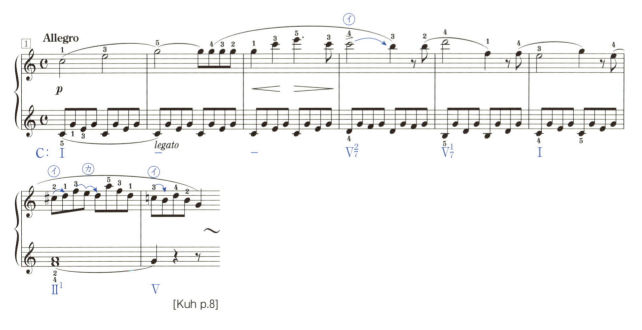

ハイドン：ソナタ Hob. XVI/35　第1楽章

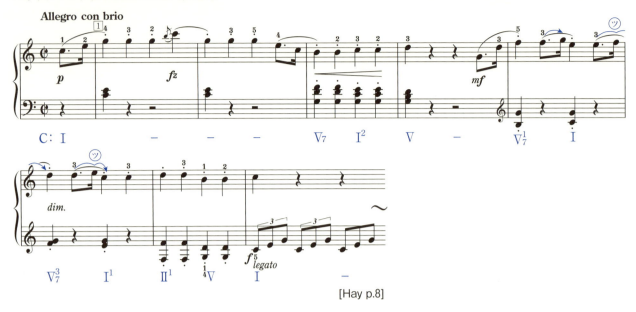

[Hay p.8]

ベートーヴェン：ソナタ Op.49 No.2　第2楽章

[Hay p.45]

モーツァルト：ソナタ KV545　第3楽章

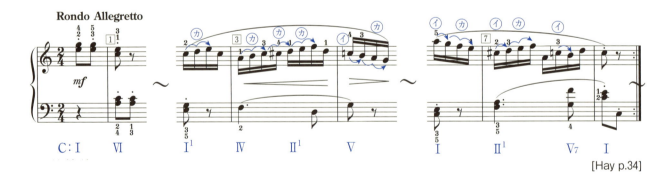

[Hay p.34]

クレメンティ：ソナチネ Op.36 No.6　第1楽章

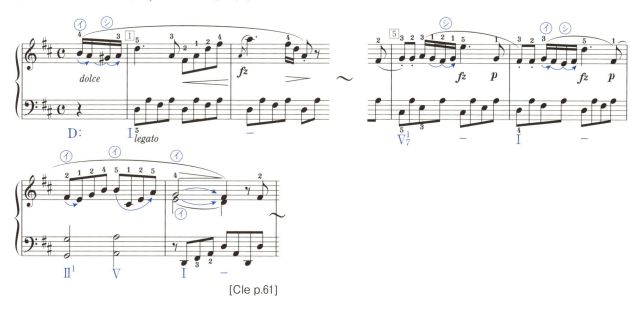

[Cle p.61]

ショパン：華麗なる大円舞曲 Op.18

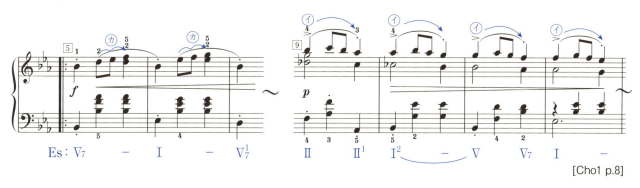

[Cho1 p.8]

J.S.バッハ：シンフォニア 第4番

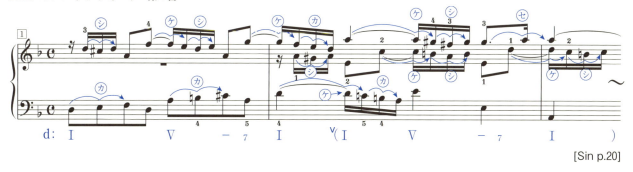

[Sin p.20]

ブルクミュラー：25の練習曲　第7曲「清い流れ」

ブルクミュラー：25の練習曲　第9曲「狩り」

クーラウ：ソナチネ Op.20 No.1　第1楽章

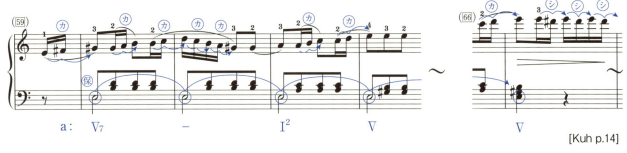

[Kuh p.14]

クレメンティ：ソナチネ Op.36 No.6 第2楽章

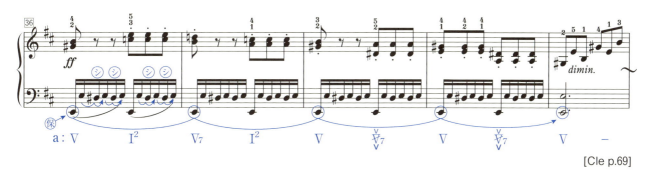

[Cle p.69]

ショパン：華麗なる大円舞曲 Op.34 No.1

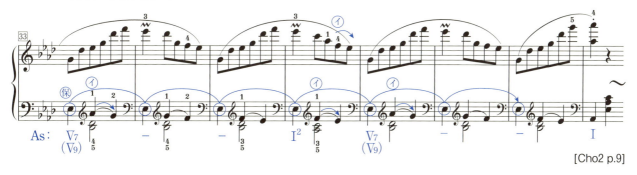

[Cho2 p.9]

ショパン：ワルツ Op.34 No.2

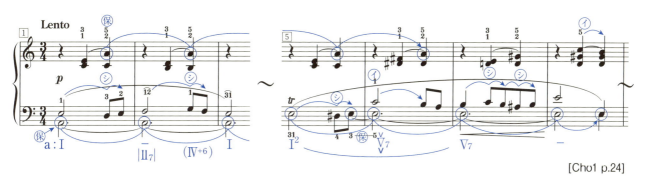

[Cho1 p.24]

様式

音楽における様式は、時代背景を色濃く反映するものと言えるでしょう。それは、作者の背景の表出であるのと同時に、作者の強い意向を示す場合もあるのです。

●音楽の様式

美術や文学と同様に、音楽にも様式があります。以下に示します。

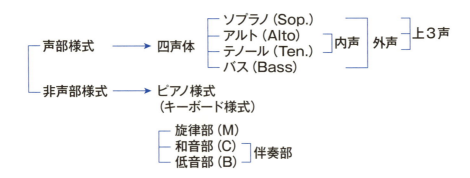

●声部様式

◆四声体

シューマン：子供の情景　第13曲「詩人は語る」

[Sch p.56]

◆四声体によるコラール様式

J.S.バッハ：4声のコラール BWV367「わがすべての行いに」

◆2声　　　四声体の両外声のみによります。

J.S.バッハ：インヴェンション　第1番

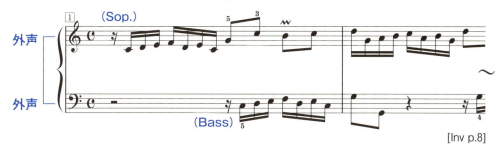

[Inv p.8]

◆3声　　　四声体の両外声と内声のうち1声によります。

J.S.バッハ：シンフォニア　第1番

[Sin p.8]

●非声部様式

◆ピアノ様式（キーボード様式）

ショパン：ワルツ Op.69 No.2

[Cho2 p.50]

モーツァルト：ソナタ KV545　第1楽章

[Hay p.26]

形式

　ここまで、音楽の約束事や、さまざまな要素の"かたち"を見てきました。ここからは、それらの器となって楽曲を"かたち"として作り上げる「形式」を見て行きます。形式を把握する事は、アナリーゼ作業の根本とも言えるでしょう。

　文章に、その文中の句点または読点の、切れ目のニュアンスに相当した内容を表す"かたち"があるように、楽曲にも、音楽の句点または読点とも言うべき終止定式に基づいた"かたち"が存在します。これが**形式**です。
　文章の句読点を探すように、楽曲中の終止定式を探す事で「切れ目」が分かり、形式を判別する道標となります。

● 1部形式

　形式で最も小さく、かつ楽曲の拡大発展のもととなる"かたち"です。言うならば"まとまり"1部分による形式で、この"まとまり"の中にはかならず、中心的な要素と、それを補い、かつ発展させる要素等とが、それぞれの素材を伴って存在しています。
　以下に実際の曲を例示し、形式の各部分の時間的な量と、その中での調性の移動とを図示します。この図を本書では**チャート**と言います。

クーラウ：ソナチネ Op.20 No.1 第1楽章

[Kuh p.8]

ベートーヴェン：ソナタ Op.49 No.2 第1楽章

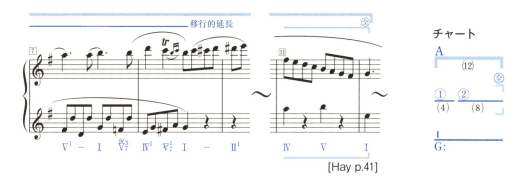

クレメンティ：ソナチネ Op.36 No.3　第1楽章

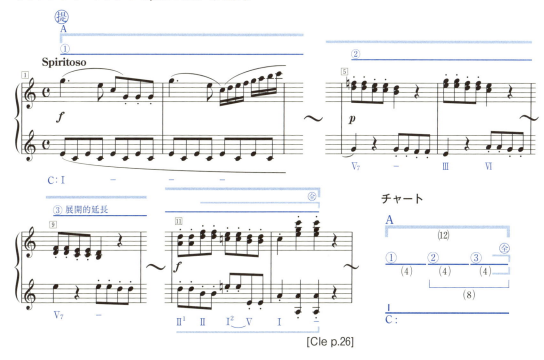

クーラウ：ソナチネ Op.20 No.1　第2楽章

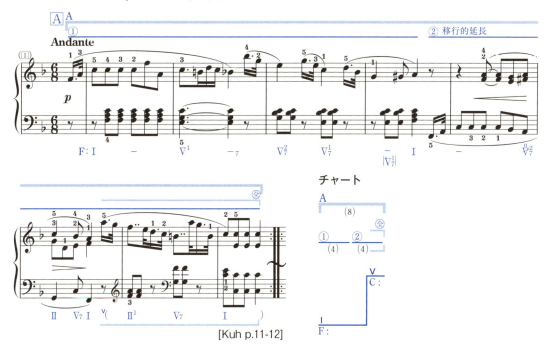

ほかに、**クーラウ：ソナチネ Op.20 No.3　第2楽章**のように後半が平行調に行く例等もあります。

●2部形式

　1部形式よりも、規模において大きい楽曲を考えるとき、単なる小節数の増量のみで判断する訳にはいきません。従って、形式を読みとく為には、まずは1部形式による部分における主たる要素や、それを補いかつ発展させる要素を確認する事です。その上で、変化している部分や、対照的部分の存在をしっかりと読み取りましょう。

　2部形式には、1部形式と同規模の反復に基づきつつ、<u>2部分としての"まとまり"</u>、つまり"かたち"が原則的に存在するはずです。特に、対照部分の存在が極めて重要なポイントとなります。2部分の形式としての楽曲のどこに対照部分があって際立っているのか、を確認しましょう。2部形式が、単なる2つの部分が繋がっているだけなのではなく、2部分が一体となった楽曲である事を忘れず、その"かたち"を理解しましょう。

クレメンティ：ソナチネ Op.36 No.3 第2楽章

[Cle p.29]

クーラウ：ソナチネ Op.55 No.2 第2楽章

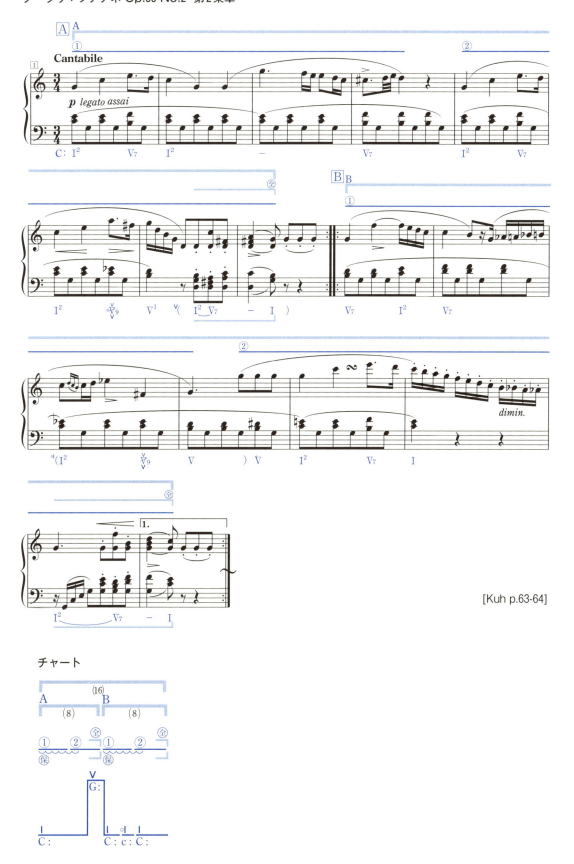

[Kuh p.63-64]

●3部形式

　3つの部分から成る**3部形式**の楽曲も、全体が一つに纏まった"かたち"に聞こえる為の工夫があるものです。従って、3つの部分がそれぞれ異なる内容を持つ楽曲は極めて稀で、最初の部分が3番目の部分で反復する"かたち"が一般的と言って良いでしょう。この事から2番目の部分、つまり中間部分に、対照部分が存在する事となる為、3部形式においては**A−B−A'**が代表的な"かたち"となります。

　しかし、"かたち"はあくまでも"容れ物"的存在であるわけですから、内容を読み取る事が必要であるのは言うまでもありません。特に、最初の部分における中心的内容を表現している要素や、発展させている要素等が伴う素材の確認が大切です。さらに、3番目の部分における変化等を読み取り、演奏に導く事が出来れば、さらに全体像が明確になる事でしょう。

クレメンティ：ソナチネ Op.36 No.2　第2楽章

[Cle p.18-19]

チャート

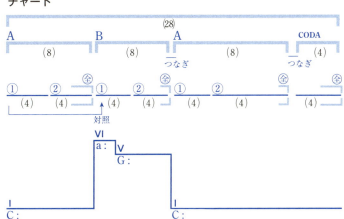

●複合3部形式

　3つの部分から成る3部形式の楽曲において、それぞれの部分の内部が、さらに2つもしくは3つの部分によって構成されている楽曲があります。これが、**複合3部形式**と呼ばれる形式です。この形式の曲は、当然の事ながら、ある程度の長さを持つ楽曲です。従って、その曲がどのような興味ある"つくり"となっているかを知る為には、大まかに部分を確認しただけでは不十分である事は言うまでもありません。

　例えば、最初の部分においては、曲の中心主題であるA、またはその反復であるA′の提示があるでしょうし、場合によってはAに対して対照的な要素を持つBが組み合わされているかもしれません。2番目の部分では、最初の部分の構造に対応する事から、例えば最初の部分がA－A′の場合ならB－B′、A－BであるならばC、もしくはC－Dという構造となる事でしょう。3番目の部分は、最初の部分の再現ですから、若干の変化はあるものの、最初の部分の繰り返しとして読み取る事が出来ます。これらの内部構造の繋がりやかかわりへの理解を踏まえてこそ、大きな3部分の全体像が明らかとなるのです。

　なお、複合3部形式は、得てしてD.C.（*Da Capo*）と記される反復記号を伴う事が多いので、それも判断材料の一つとなるでしょう。

クレメンティ：ソナチネ Op.36 No.2　第3楽章

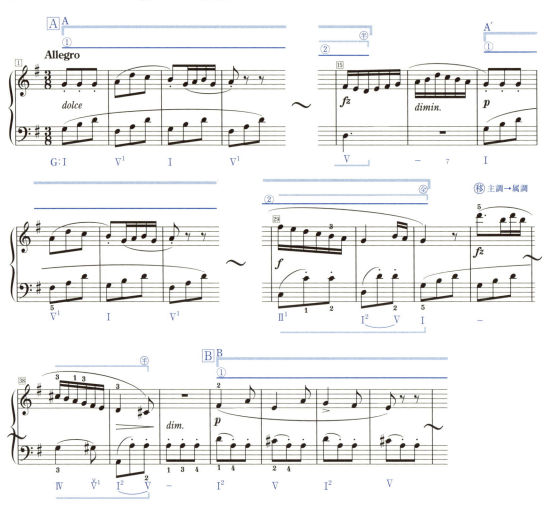

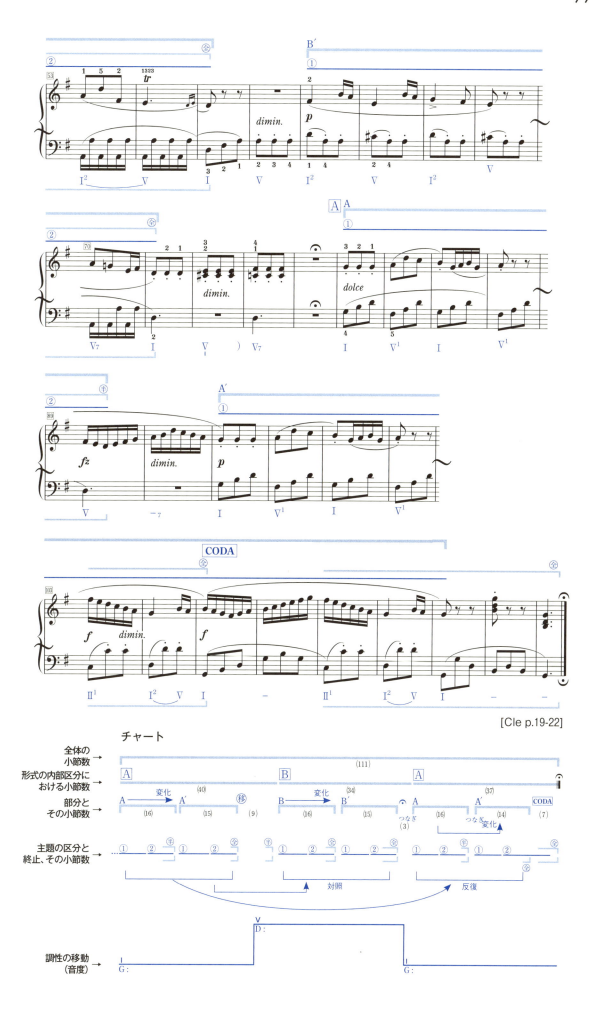

[Cle p.19-22]

クーラウ：ソナチネ Op.55 No.2 第3楽章

[Kuh p.64-68]

チャート

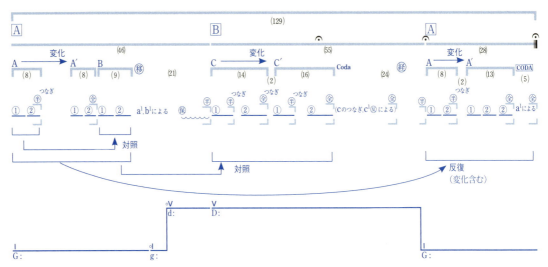

クレメンティ：ソナチネ Op.36 No.4　第3楽章

[Cle p.40-42]

●ロンド形式

　曲の主題による中心的部分が、ほぼ同様に繰り返され、対応すべき対照的部分等が、様相を変えつつ挿入されて現れる（ただし、楽曲は一つに纏まって感じられる必要がある事から、対照部分が際限なく現れ続ける事はなく、自ずから限定されます）、という"かたち"の楽曲があります。これが**ロンド形式**です。

　このロンド形式を図式で示すならば、一般的にはA－B－A－C－A－B－Aとなります。もし、この形式をより大きなレベルで区分したとすれば、A－B－A C A－B－Aとなる事から、"かたち"の上では複合3部形式とかなり類似していることに注意すべきでしょう。しかしながら、形式的に似ているようではいても、主題の曲想の違いや、Cの量的な違い、あるいは、特にBのAに対する機能的な違い等がありますから、その醸し出す曲のニュアンスや様相は異なって当然と言えます。

ドゥシェク：ソナチネ Op.20 No.1　第2楽章

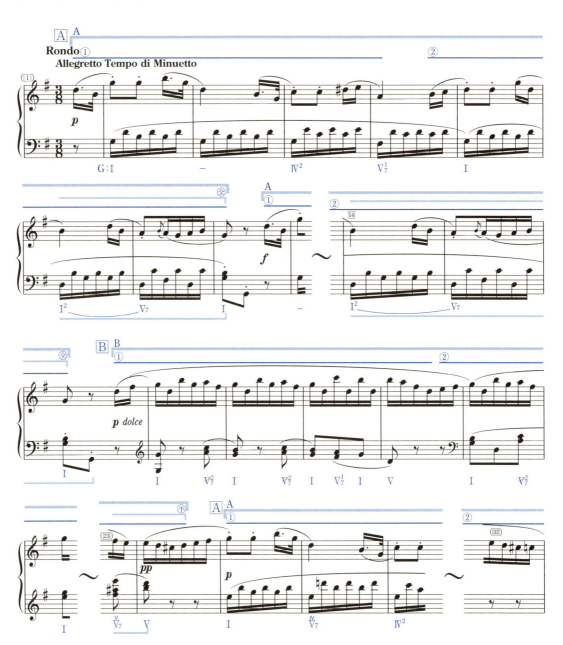

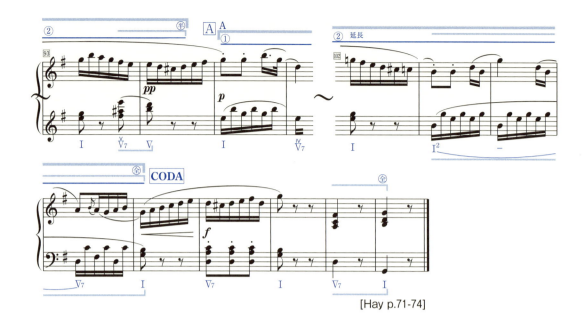

[Hay p.71-74]

チャート

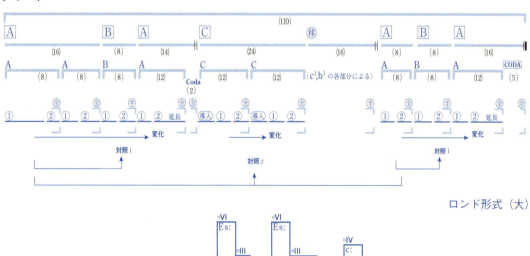

ロンド形式（大）

ベートーヴェン：ソナタ Op.49 No.2 第2楽章

[Hay p.45-49]

チャート

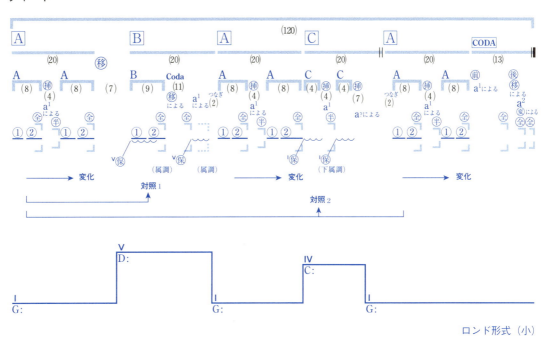

ロンド形式（小）

●ソナタ形式

　多くの作曲家が、その楽想の表現の為に採用した**ソナタ形式**は、それなりの歴史的背景があるだけに、極めて高い"かたち"としての精度を持っている形式です。しかしながら、その精度とは必ずしも閉鎖的ではなく、余裕のあるものであるだけに、時代を横断して多くの作曲家の創意工夫を受け入れて余りある、寛容さを持っています。従って、基本的な事柄を確実に理解しておく必要があるでしょう。

　ソナタ形式には、**提示部　展開部　再現部**による3つの部分があります。

　提示部 (提) は、その名が示すように、曲を代表する主題等を提示する部分であり、故に安定度の高い部分です。内容としては、中心的主題Aを提示する部分と、対照的主題Bを提示する部分とがあります。通常、A－B間には移行部分 (移) があり、さらにBに続いてCoda（終結部）が加えられます。この事により、2つの主題の存在感とその機能関係とが明らかとなり、かつ、提示部という区分を確立させる構造となっている事が分かると思います。

　展開部 (展) は、その名が示すように、2つの主題AとBが抱える音型、調性等の展開による部分であり、故に不安定度の高い部分です。この部分では、通常、後半において、次なる再現部における主題等の提示に向けて回帰して行く為の、クライマックス部分があります。

　再現部 (再) は、その名が示すように、主題等の再現という"かたち"での提示をする部分であり、故に安定度の高い部分です。内容的には当然、主題Aを提示する部分と、主題Bを提示する部分とがありますし、提示部同様、移行部分とCodaがあります。ただ、この移行部分とCodaは、提示部のそれとは異なる、極めて興味深い箇所である事に注目すべきでしょう。理解の為に以下を図示します。

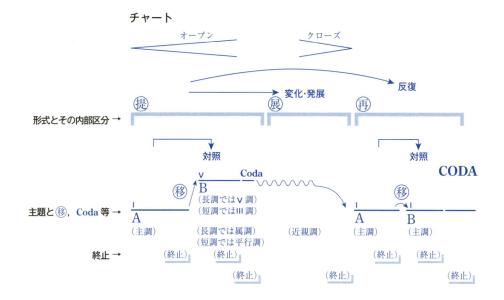

この図式が示す構造で、Aの存在感や、対照するBの楽想的有り様がとても重要な事柄である事は言うまでもありません。しかし、構造の中では目立たなく感じられる移行部分やCodaは、それ故に極めて興味深い事柄です。

　つまり、移行部分においては、提示部では主題Aは主調、主題Bは属調（主調が短調である場合は平行調）で提示され、再現部では主題A、主題Bともに主調で提示されることから、目指す調は、提示部と再現部では異なる事になり、それ故に"つくり"が変わってくるのです。

　また、Codaにおいては、提示部ではその区分の終止として属調（もしくは平行調）で提示されますから、時間的にも内容的にも比重がそれほど重くありません。しかし再現部のCodaは、再現部という区分の終止であるばかりでなく、その楽章（もしくは曲）の終止となりますから、時間的にも内容的にも重さが加わります。ですから、通常、再現部のCodaは提示部のものよりも規模が大きくなるのです。

　ソナタ形式はこのように、時間を踏まえた上で、主題の調性等の内部構造を抱え込んだそれぞれの部分同士のバランス関係により、一つの大きな纏まりを感じさせるという、極めて明確な構造を持つ形式と言えるでしょう。

　それでは、ここで実際のソナタ形式の曲を見てみましょう。まず、形式の分析を図示します。続く譜例で実際の流れを確認して下さい。

クーラウ：ソナチネ Op.20 No.1　第1楽章

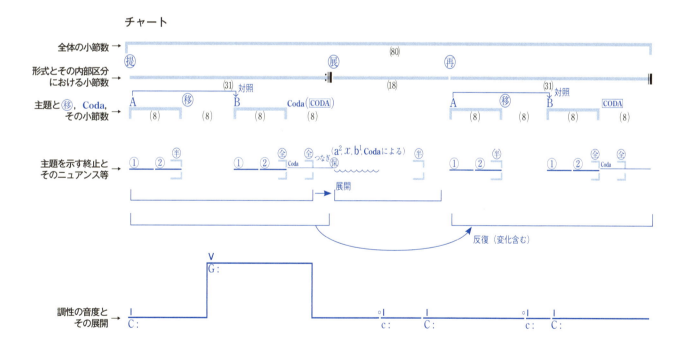

クーラウ：ソナチネ Op.20 No.1　第1楽章

[Kuh p.8-11]

Technique of Analyze　for Practice

アナリーゼの手順

　アナリーゼの作業には、きちんとした「準備」と明確な「手順」を持って取りかかるべきである、ということは本書の始めに述べたとおりですが、ここまで「準備」にあたる、楽典に関する知識の確認をしてきました。

　その上で、ここからは作業を進める「手順」を確認して行きます。**モーツァルトのソナタ KV545 第1楽章**を例に、楽曲の全体像に向かって一歩一歩近づき、確実に理解を深める為の原則的な項目に従って、順次進めて行きましょう。

　「手順」を踏んだアナリーゼの作業ならば、音楽の面白さへの興味は尽きる事がないでしょう。

Technique of Analyze for Practice

「手順」を踏んだアナリーゼの例

　「手順」を確認するにあたり、まずは「手順」を踏まえたアナリーゼ作業が行われた実際の楽譜を見てみましょう。

モーツァルト：ソナタ　KV545　第1楽章

0. アナリーゼの作業の前に

Technique of Analyze for Practice

参照 ▶・・・音と譜表　　　（p.12）　▶・・・調　　　　（p.25）　▶・・・様式　　（p.68）
　　 ▶・・・リズムと拍子　（p.16）　▶・・・和音　　　（p.28）
　　 ▶・・・音度列　　　　（p.20）　▶・・・終止定式の両外声のパターン（p.39）

●楽譜の見取り図

アナリーゼの作業に入る前には、まず基本的な事柄を把握しなくてはなりません。

導入として、必要な事柄の再確認の意味も含め、楽譜に実在する極めて基本的な要素を「楽譜の見取り図」として以下に示します。これまでの楽典の知識を踏まえつつ確認して下さい。

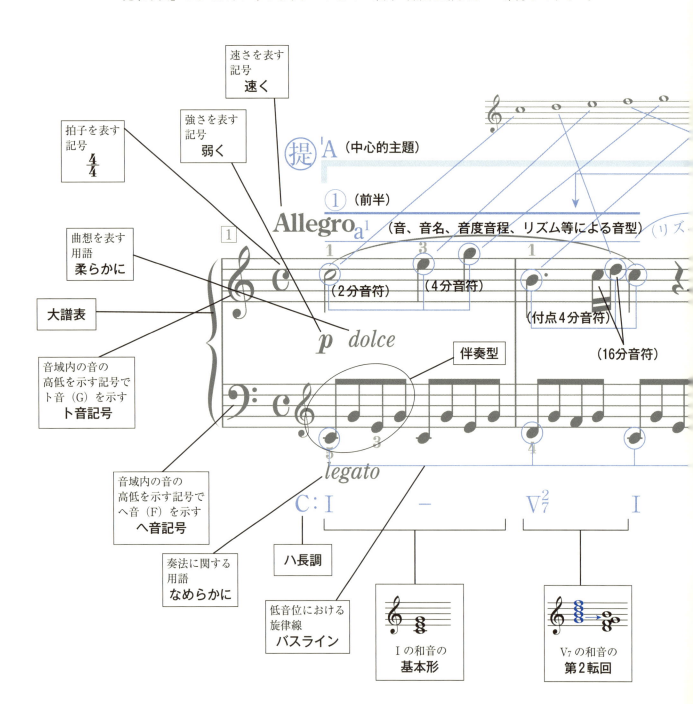

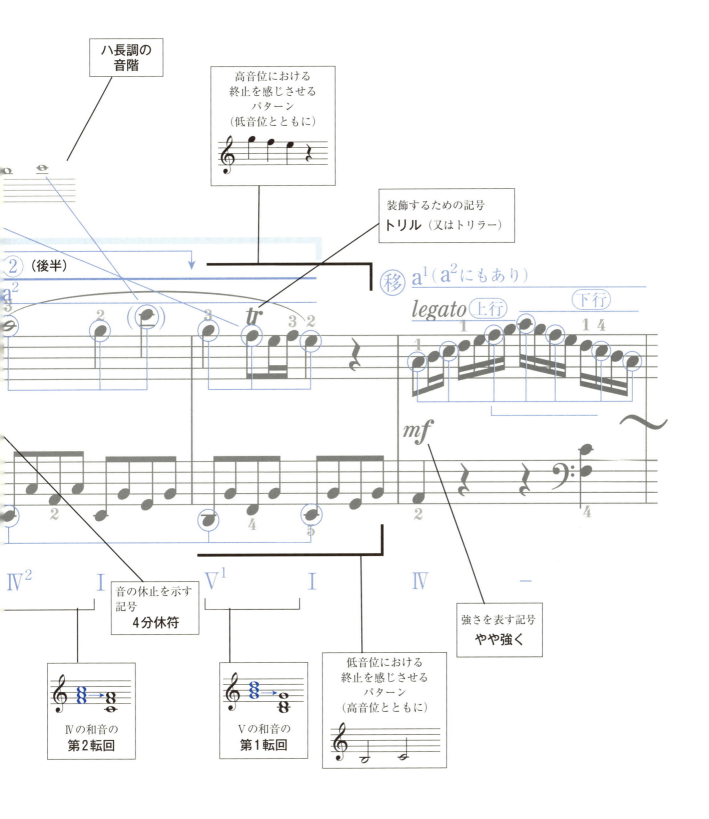

●曲の主調と拍子を確認する

では、「楽譜の見取り図」を踏まえ、非常に基本的な事柄ですが、ある曲を前にしたときには、まずその曲の

　　主調
　　主たる拍子

を必ず確認しましょう。

◆主調を確認する

調号と最終音から、その曲の主調を確認しましょう。出来るならば、4つの近親調（属調、下属調、平行調、同主調）も同時に把握しておくと良いでしょう。p.51で示した図表を活用して下さい。

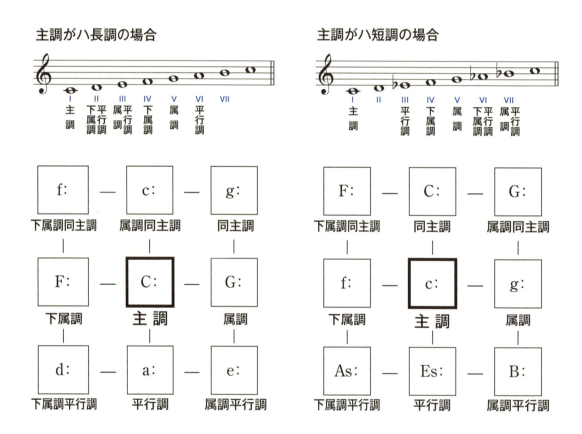

そして、曲に含まれている調の、主調との音度関係や近親関係の"ゆれ"による安定や不安定は、曲のいわば骨格であるばかりでなく、その様相を決定づけているとも言えます。それは、例えば、調の長短のニュアンスの違いによる明暗の関係や、調号の数の甚だしい違いによる調性間の際立った関係、♯や♭の違いが醸し出す軽快さや柔軟さを感じる関係、といった要素から生じているはずです。これらを感じ取る事が、曲全体のイメージに深くかかわっている事は言うまでもありませんし、アナリーゼにおける総合的判断のための背景として、とても重要な事柄となるでしょう。

◆拍子を確認する

続いて拍子を確認しましょう。拍子を確認し、主に使われている音価を把握する事で、おおよそではありますが、その曲の時間的な"ゆれ"状態を理解する事に繋がります。

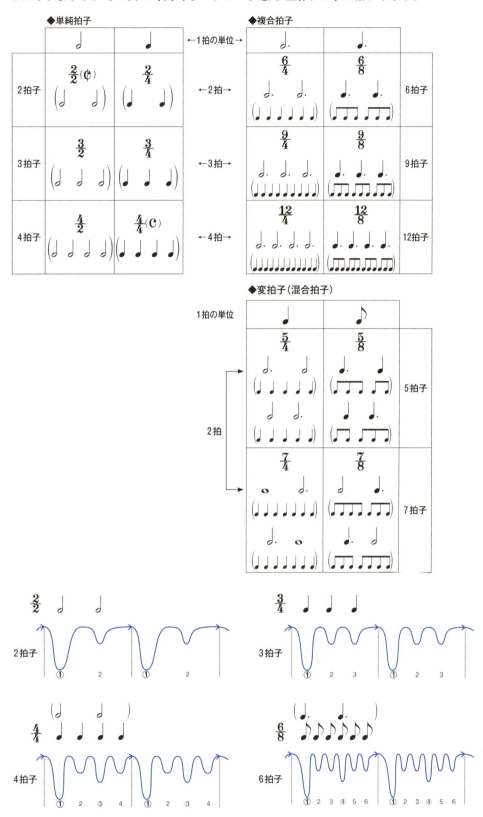

最初にその曲の主調と拍子を確認するという事は、その楽曲を貫く主柱を知るという、非常に重要な作業です。そればかりでなく、調性によって生じる雰囲気、拍子の性格などから、大雑把ではあるものの、楽曲全体の傾向を知る手がかりをも得られるでしょう。

さらに速さを表す記号、奏法に関する用語など、出来る限りの情報を楽譜から予め得ておくようにします。それらはすべて、作者の意図を表すものなのです。

1. 終止箇所（　　）を見つける

参照 ▶ ・・・和音　　（p.28）
　　　▶ ・・・終止定式　（p.32）

　まず、終止箇所を見つけましょう。例えば、文章において句読点があるのと同様に、音楽においても句読点、つまり終止があります。

　終止箇所において、音楽の流れは一旦停止、または確実に停止しますから、演奏してみると極めて分かりやすい上に、文章同様、ほぼパターン化しているので、見つけやすいと思われます。

　さらに、終止がパターン化しているという事は、曲のあり方にも極めて明確、かつ重要な内容を持っている部分であると言えます。なぜならば、終止のパターンは、音楽の場合、その調における重要な役割を担う音階音、和音等が、それなりの音価を伴って、高音位におけるメロディラインと、低音位におけるバスラインの組み合わせの中で、終止定式という一つの総合的な"かたち"として提示されるのが一般的だからです。

　従って終止は、曲において使用されているリズムや音型、和声進行や調性の展開等の目安ともなり、かつまたそのニュアンスや規模等を踏まえれば、楽曲の全体構造における作者の工夫や知恵にも理解が及ぶ、極めて重要な要素の一つであると言う事が出来ます。

　では、以下に実例を挙げます。まず、前出の**モーツァルトのソナタ KV545 第1楽章**から、調性にかかわるすべての終止箇所を抽出します。

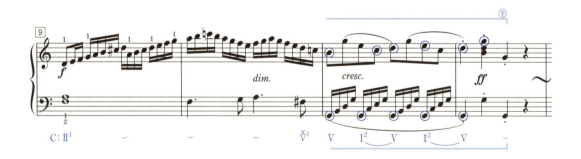

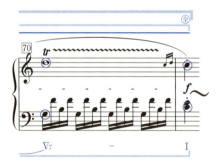

他の曲の例です。

ハイドン：ソナタ Hob.XVI/35 第1楽章

[Hay p.8]

クレメンティ：ソナチネ Op.36 No.1 第2楽章

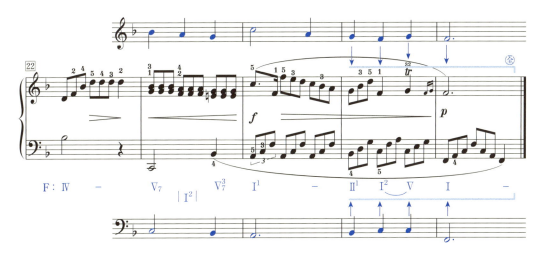

[Cle p.11]

クーラウ：ソナチネ Op.55 No.1 第1楽章

[Kuh p.54]

クーラウ：ソナチネ Op.20 No.1 第3楽章

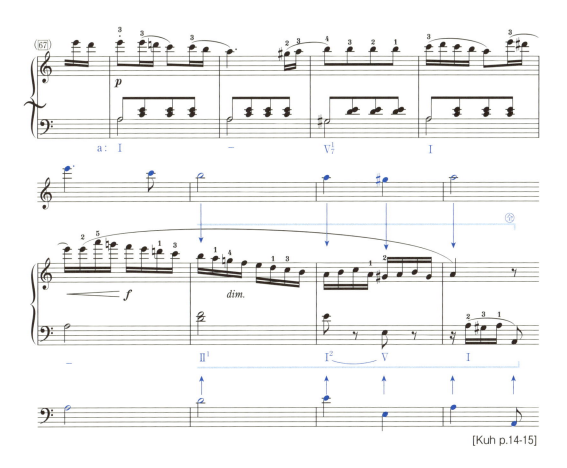

[Kuh p.14-15]

クーラウ：ソナチネ Op.20 No.2　第1楽章

[Kuh p.24-25]

クーラウ：ソナチネ Op.20 No.3　第2楽章

[Kuh p.43-44]

2. 調性を判断する

Technique of Analyze for Practice

参照 ▶ ・・・音度列 （p.20） ▶ ・・・関係調と転調 （p.50）
　　 ▶ ・・・調 （p.25）
　　 ▶ ・・・終止定式 （p.32）

　次に、調性を判断しつつ、転調の流れ、つまり"ゆれ"状態を追って行きましょう。
　まず、主調に対してかかわりの深い属調、下属調、平行調を皮切りに、その他の近親調を認識します。そして、主調との音度関係や、長調か短調かの確認をしつつ、実際的な作業を進めて行きましょう。終止のパターンを中心に、調号、臨時記号や音階音、特に短調の場合の変化をも考慮しつつ、調を判定して行きます。このとき、判定された調の主調との音度関係が、曲の"ゆれ"の幅の大小に関係する、という事を忘れずに作業を進めて下さい。
　最終的に大切な事は、区分の中での調性の"ゆれ"の状態を認識する、という事です。これは、曲全体においても同様です。例えば、若干の転調が見られるものの、ある調が続いている事で、極めて安定した状態である場合や、幾つかの調が短い周期で転調していて不安定な状態の場合もあるでしょう。また、比較的全体にわたって調性の配分が行われ、変化もありつつ安定している場合もあるでしょう。調性の"ゆれ"の状態によって、音楽の流れの中での安定感、不安定感、また、安定箇所と緊張箇所が分かれば、全体の構成の有り様が見えてきます。この事はまた、演奏する目安としても重要な事柄となります。モーツァルトのソナタ KV545 第1楽章を例示します。

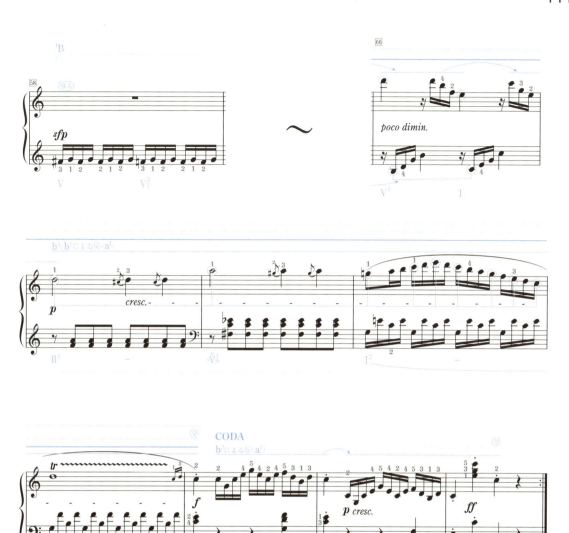

[Hay p.26-30]

各区分と調性の"ゆれ"の、時間配分と配置を確認する為に、再度p.97のチャートを示します。

チャート

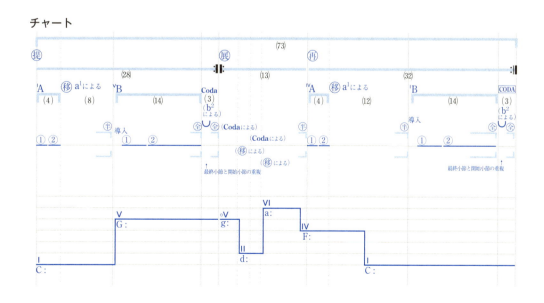

3. 主旋律と対旋律を見つける

参照 ▶ ・・・リズムと拍子 (p.16)	▶ ・・・和音 (p.28)
▶ ・・・音度列 (p.20)	▶ ・・・転位音 (p.60)
▶ ・・・調 (p.25)	

続いて主旋律Aと対旋律Bを見つけましょう。

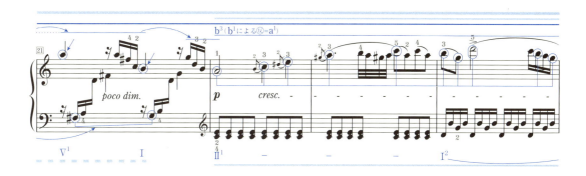

　一般的には、Aのみによる楽曲は極めて少なく、ある程度の長さを持つ楽曲の場合、AとBの組み合わせによるものがほとんどと言って良いでしょう。従って、まずAを確認し、そしてBを確認します。そのときに、BはあくまでもAに対応する旋律ですから、Aに対して規模が同様であったり、または小規模であったり、はたまた、より規模が大きい場合もありますから、調性判断と共に、終止パターンの規模に準じてBを判断する慎重さが必要です。

　さらに、重要な旋律は必ず反復するという、時間の芸術としての根本原則がありますから、その存在を明確にする為に、Aは直ちに反復して現れる事が多い、という事を知っておきましょう。また、かなりの時間を隔てて、再現という形でAが反復する事もあります。楽曲の後半におけるAの反復を探し、確認の目安とする事も大切です。

そして、この主旋律Aと対旋律Bを見つけるという事柄は、構造的な判断にとって大切であるばかりでなく、形式的な判断においても大変重要な要素となります。Bを伴っているかいないか、加えて、対旋律としてB以外にCやD等が存在する楽曲もありますから、これも知っておくべきでしょう。

モーツァルト：ソナタ KV545　第3楽章

[Hay p.34-35]

続いて、AやBの"かたち"、つまり基本的構造について確認しておく必要があります。A、Bそれぞれが、旋律として纏った存在感を持つ為にも、一つの枠組みとしての"かたち"が必要です。その枠組みは、終止箇所における終止パターンで示されます。さらに、その内部におけるもう一つの終止パターンによって、前半部分と後半部分とに分かれるのですが、それらのバランスを取る事で、旋律としての一体感を醸し出しています。従って、その枠組みは前半4小節、後半4小節、全体が8小節という、極めて釣り合いの取れた形をしている事が多いのです。そこで、特に主旋律であるAの、その構造について確実に把握しておく必要があります。

　例えば前半にAを代表する音型a^1が、また後半にはa^1を踏まえつつも変奏的な音型a^2、さらには終止として締め括る音型a^3等々、主要な音型がそれぞれの音域であったり、それぞれのリズム、また強弱を伴って現れたりと、さまざまな現れ方で提示される事で、旋律を豊かなものとしつつ、やがて発展して行くであろう、その後の音楽に備える素材として待機しているのです。

　以下に一般的な例をチャートで図示します。

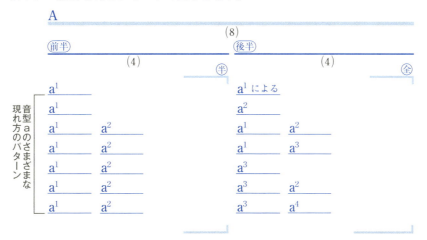

4. 提示部分を見つけ形式を把握する

参照 ▶ ・・・調　　　（p.25）　　　▶ ・・・関係調と転調　（p.50）
　　　▶ ・・・和音　　　（p.28）　　　▶ ・・・転位音　　　（p.60）
　　　▶ ・・・終止定式　（p.32）　　　▶ ・・・形式　　　　（p.70）

　楽曲には、極めて大切な提示部分㊑があります。主旋律Aを提示する部分で、通常、終止箇所において現れる、比較的大きな終止パターンがその部分を示します。楽曲の構成は、まさにこの部分を起点として展開して行くのです。

　この提示部分において、もしAが単独で提示されていて、かつ対旋律Bもほぼ同規模で提示され、曲が終了していれば、その音楽の"かたち"は2部形式の可能性が高いと思われます。また、Bが提示された後にAが再現され曲が終了していれば、その曲は3部形式の可能性が高いと思われますし、Cが存在し、かつAのさらなる再現があれば、ロンド形式の可能性が高くなります。また、提示部分において、AとBが、調性的に主調－属調関係にあったり（短調の場合は主調－平行調）、共通した和声的背景を持っていたり、音価やリズム等においても互いに補完する関係が見られ、かつ共に再現していれば、ソナタ形式による音楽の可能性が高いと言えるでしょう。

　このように提示部分を見つけ出して行く事は、楽曲の形式を理解する大切な拠り所の一つとなるのです。その為にも、提示部分における旋律と調性の有り様を踏まえ、再現の有無を丁寧に確認して行きましょう。

　作者が提示部分を起点に据えて、構成をあれこれ模索したように、読譜者も時間的な長さ等も考慮しつつ、提示部分を踏まえて、その後の音楽について、想像力、そして創造力をたくましくしたいものです。

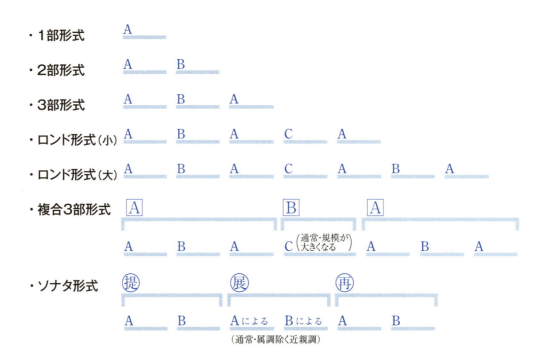

では実際のアナリーゼの例を見てみましょう。チャートで比較する事で、楽曲の"つくり"の違いが鮮明になるでしょう。

ソナタ形式（モーツァルト：ソナタ KV545 第1楽章）

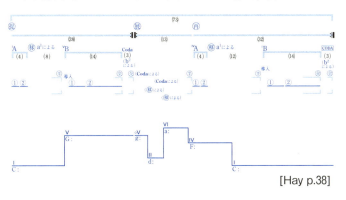

[Hay p.38]

2部形式（クーラウ：ソナチネ Op.55 No.2 第2楽章）

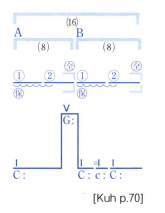

[Kuh p.70]

ロンド形式（モーツァルト：ソナタ KV545 第3楽章）

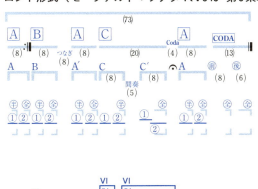

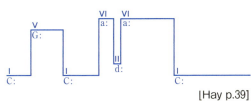

[Hay p.39]

3部形式（クレメンティ：ソナチネ Op.36 No.2 第2楽章）

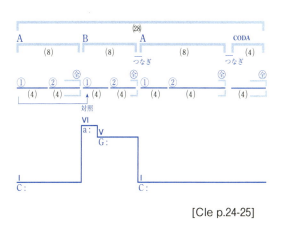

[Cle p.24-25]

複合3部形式（クレメンティ：ソナチネ Op.36 No.2 第3楽章）

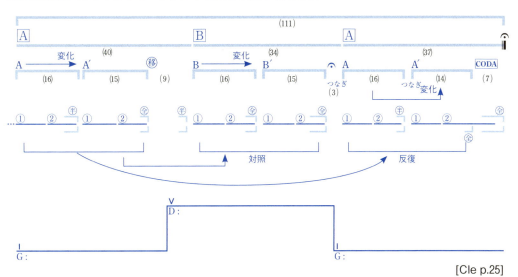

[Cle p.25]

5. 経過的部分(つなぎも含む)、移行的部分、Coda部分を見つける

参照 ▶ ・・・和音 (p.28) ▶ ・・・形式 (p.70)
　　 ▶ ・・・終止定式 (p.32)
　　 ▶ ・・・関係調と転調 (p.50)

◆経過的部分（経）

　例えば、ソナタ形式による楽曲において、提示部分等にAの反復が見られますが、その際、小規模な経過的部分である"つなぎ"を経る場合が見られる事があります。そして、再現部のAの提示に対しては、かなりしっかりとした**経過的部分**（経）が見られる事があります。このように経過的部分とは、主旋律Aの反復もしくは再現が行われる際、主旋律が抱える要素から大きく逸脱する事なく、間を繋ぐ連結部分と言って良いでしょう。

クーラウ：ソナチネ Op.55 No.2　第3楽章

◆移行的部分（移）

　A－B間において、Bの提示に対して、Aが抱える音型による構築性の高い**移行的部分**（移）が見られる場合があります。この移行的部分は、経過的部分に比べ、転調が行われるなど、より強い推進力を持つ連結部分と言って良いと思います。経過的部分と同様に、再現部のAの提示に対しても多く見られ、楽曲に起伏を与えるのみならず、構築的な豊かさをも与えていて、大変興味深い部分です。

クーラウ：ソナチネ Op.20 No.1　第1楽章

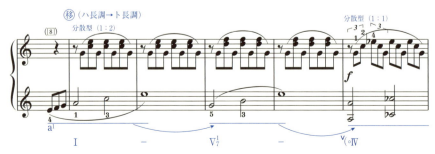

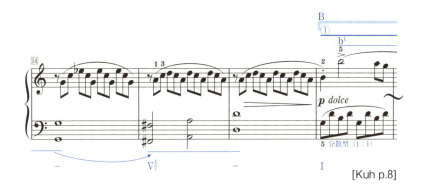

[Kuh p.8]

　AやB等の極めて安定的な部分に対して、これらの経過的部分、そして移行的部分は、ニュアンスの違い、あるいは規模の違いがあるものの、流動的な部分です。この部分は、楽曲の豊かさにかかわる大切な部分ですから、それぞれの中心音型やリズムを、AやB等が抱える同様の要素と照らし合わせ、確認する必要があります。

◆Coda部分

　CodaまたはCODA部分は、終止を感じさせる部分です。その内容や規模は、基本的にはそれまでの音楽にかかわりますので、提示部、展開部、再現部等の終止にかかわるCodaと、楽章や楽曲の終結にかかわるCODAは、規模の点において異なるのが原則です。また、大きなA、B等ですと、主旋律の終止に付加される場合もありますので注意すべきでしょう。忘れてはならないのは、経過的部分、移行的部分と同様に、Codaにも中心となる音型やリズムがあるという事です。それらに、それまでの音楽とまったく異質な要素が使われるという事はありませんから、特に直前のAまたはB等が抱える音型やリズムと照らし合わせ、確認をする必要があります。

ベートーヴェン：ソナタ Op.49 No.2　第1楽章

[Hay p.43]

[Hay p.45]

Technique of Analyze for Practice

6. 展開部分の確認

参照 ▶・・・リズムと拍子　　(p.16)　　▶・・・関係調と転調　(p.50)
　　　▶・・・調　　　　　　(p.25)　　▶・・・形式　　　　(p.70)
　　　▶・・・和音　　　　　(p.28)

　小規模形式による楽曲にも展開的な部分が見られる事はあるものの、この手順においてやはり参考にすべきは、ソナタ形式による楽曲の展開部でしょう。
　展開部におけるA、Bの存在を明確にするという提示の工夫は、いわばそれらの抱える音型等の素材を明らかにしておく事である、とも言って良いのではないでしょうか。つまりA、Bなどの主題の、提示部とその再現部という枠組み——いわば"容れ物"の中で、主題自身や、抱えている音型素材等を、いかなる装いのもと華麗に提示させ楽曲を盛り上げるか、と工夫をこらす箇所であり、まさに展開部は作者の技量の見せ所です。ソナタ形式による楽曲においてはこの展開部にさまざまなパターンが見られ、極めて興味深い部分です。
　では実際の楽曲で見てみましょう。

◆主調によるAの展開

クーラウ：ソナチネ Op.55 No.3　第1楽章

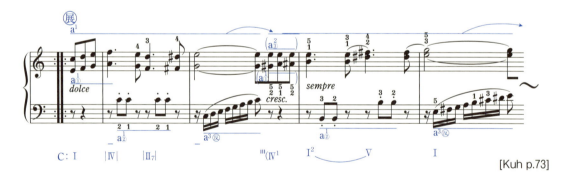

[Kuh p.73]

◆下属調によるAの展開（導入はAの後半による）

ハイドン：ソナタ Hob. XVI/35　第1楽章

[Hay p.11]

◆下属調平行調によるAの展開（平行調においても）

ベートーヴェン：ソナタ Op.49 No.2　第1楽章

[Hay p.43]

◆Aの抱える部分的音型による展開

クーラウ：ソナチネ Op.20 No.1 第1楽章

[Kuh p.9]

◆Bによる展開

クーラウ：ソナチネ Op.55 No.1 第1楽章

[Kuh p.54]

◆Aのリズムによる展開

クレメンティ：ソナチネ Op.36 No.6 第1楽章

[Cle p.64]

◆ Bのリズムによる展開

クレメンティ：ソナチネ Op.36 No.4 第1楽章

[Cle p.36]

◆ Coda、そして㊝による展開

モーツァルト：ソナタ KV545 第1楽章

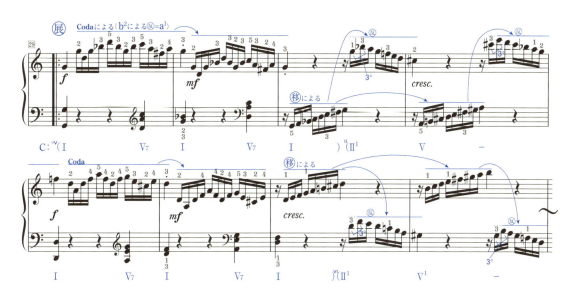

[Hay p.27]

7. 全体像を確認し、総合的判断をする

Technique of Analyze for Practice

　最後に、ここまでの確認を踏まえ、全体像を明らかにし、曲の構造から作者の知恵や工夫を知る必要があります。

　その為には、各部分を配置してまとまった全体として作り上げ、図形化した分析図＝**チャート**を作成してみると良いと思います。参考の為に、例①として典型的なソナタ形式による**ベートーヴェンのソナタ Op.49 No.2 の第1楽章**の楽譜とチャート、例②として、これまでずっと取り上げてきたモーツァルトのソナタKV545の第1楽章のチャートとを示し、具体例を挙げながら総括を進めて行きたいと思います。

　同じソナタ形式による曲を比較してみる事で、同じ"かたち"の中でも異なる部分が存在する事等から、作者の工夫などを読み取る事が出来るのではないでしょうか。

例① ベートーヴェン：ソナタ Op.49 No.2 第1楽章

[Hay p.41-45]

例① ベートーヴェン：ソナタ Op.49 No.2 第1楽章

チャート

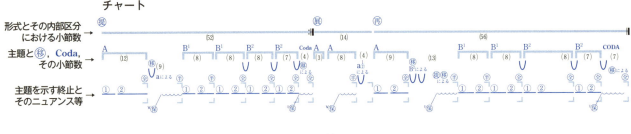

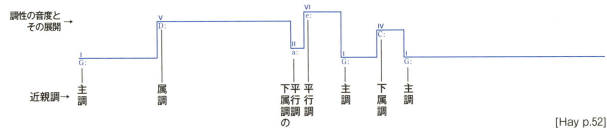

[Hay p.52]

例② モーツァルト：ソナタ KV545 第1楽章

チャート

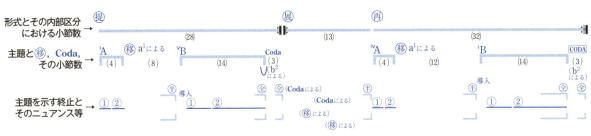

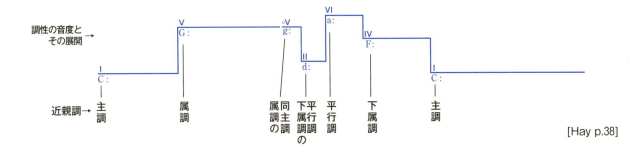

[Hay p.38]

では、具体的に分析して行きましょう。

◆同様、また類似している点

　・ソナタ形式による㊦、㊥、㊤の3部分によって構成されている事。

　・規模は、㊦に対して若干多めの㊤。㊥はそれらのほぼ半分。

　・㊦と㊤共に **Coda** により締め括られている事。

　・㊦における主題A、Bは、その間における㊦と共に㊤においても再現されている事。

　・主調を中心とする近親調が全体にわたって配分されている事。そして、主調や属調が㊦、㊤において極めて安定的であるのに対して、平行調または下属調平行調等は、㊥において短い間隔で行われる転調故に大変流動的である事。

　・Aに対するBが、Aの基本的な骨組みを拠り所としており、結び付きが強い"つくり"となっている事。従ってAの提示後、㊦によって誘い出されるBの提示は、優しく違和感が無い事。

◆大きな相違点

　・通常、㊦における主題Aに対するBは単数（例②）であるが、複数存在する（例①）。

　・通常、㊦におけるAとBの調性は、Aが主調でBが属調（Aが短調である場合Bは平行調）である事から、㊤におけるAとBの調性は共に主調となる（例①）が、Aが下属調、Bが主調での再現（例②）である事。

　・通常、Aは8小節つまり1部形式（例①）を基準とすると考えるならば、半分に凝縮されているA（例②）はかなりユニークであるという事。

　・通常、㊥において、そのもととなる材料は、AまたはBか、もしくはA、Bの抱える音型等である（例①）が、㊦の **Coda** や㊦によっている（例②）。

◆垣間見える作者の工夫──Aの構造の特徴とBのかかわり

①について

ト長調音階の音階的順次進行による音型を骨格とする"つくり"に、和音の分散の跳躍進行の味付けを施したAを踏まえ、それらをB¹もしくはB²において組織的に使用する事で、Aの延長もさることながら、B¹、B²によるBの部分が量的にも内容的にも大変豊富になっています。

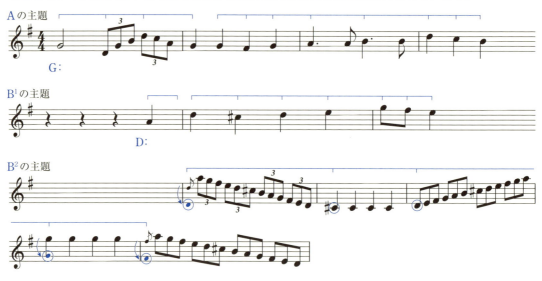

②について

ハ長調の全音階音による和音的分散の跳躍進行を骨格とする"つくり"に、若干の音階的順次進行を絡めたAは、8小節分の内容を4小節に凝縮し完結したもので、そのAの冒頭音型の反行によるBは、極めて簡潔で、無駄がありません。

Bは厳密にはAの冒頭音型の逆行形によりますが、大まかには反行形によると言って良いでしょう。

◆垣間見える作者の工夫——㋫における素材と構造、そして㋝とのかかわりなど

①について

㋙の㋲における素材は、Ａ冒頭の導入的な和音分散の跳躍進行によるもので、それらがト長調の属音の保続音上であるだけに、半終止に至る流れは極めて流動的です。しかも続くB¹の冒頭は、半終止と同一和音である事から、その提示は極めて優しいものです。さらにこの事により、㋝におけるB¹の提示が主調であるト長調となり、㋲とB¹の関係はⅤ－Ⅰに変わるのです。従って㋝のB¹の提示は極めて明確さを持っています。

また、㋫におけるＡの素材は、その導入的な冒頭によるものだけに、存在が際立っているばかりでなく、和声づけがイ短調のⅣまたはホ短調のⅣと、短調のⅣに変更されている事から、極めて新鮮な印象を与えています。

②について

㋙におけるBは、本体部分はその前半であって、Ａに準じて4小節規模となっています。後半は移行的で分量的にも長く、大変興味深く思われます。そこにはト長調の循環コード（Ⅰ－Ⅳ－Ⅶ－Ⅲ－Ⅵ－Ⅱ－Ⅴ－Ⅰ）が、Ａ冒頭の和音分散型を用いて仕組まれ、非常に流動性に富んだ"つくり"となっており、従ってそのBの終止を経て到達する㋙の**Coda**は、極めて目立つ存在になっています。

その**Coda**の音型を、ただちに素材として使用し㋫に突入する"つくり"からは、流れを絶やさないという意図が明瞭に感じ取れます。その上、㋙の㋲における音階的順次進行の反復を絡ませ、さらに、イ短調による循環コードを再登場させる事で、Bをも彷彿させる㋫のイメージを確かなものとしています。

さらに、㋝の構造をも踏まえて思いを巡らせるならば、作者が、Ａを中心としたBや㋲や**Coda**を取り込んで、㋙、㋫、㋝の大きな枠組みを縦断しつつ、決して流れを絶やさない工夫をしたのではないかと思われるのです。特筆すべきは、再現部分の調性です。通常ならば㋝のＡ、Bは共に主調、つまりこの曲の場合はハ長調で提示すべきです。なぜならば、㋙においてＡは主調（ハ長調）、Bは属調（ト長調）で提示する事でオープンの構造となり、㋝は共に主調（ハ長調）に戻す事によって、クローズの構造となり、起承転結が明らかになるからです。しかしこの作者が㋝においてＡに採用した調性は下属調（ヘ長調）です。まさに、ここもまた、作者の工夫が見られる箇所なのではないでしょうか。そして、この工夫は決して単なる思いつきなのではない、という、知恵を感じさせる裏付けが存在します。その事柄とは、ハ長調の音階、和音、和声、近親調等の音度、そのもととなる機能関係を知るならば、自ずからその答えは導き出されるという事を示唆しています。

作者は、Ａ冒頭のⅠの和音の分散をきっかけに、Ⅰを支えるⅤとⅣによるⅠ－Ⅴ⑺－Ⅰ、Ⅰ－Ⅳ－Ⅰの和声カデンツでＡを示し、B後半あるいは㋫において音階音と共に循環コードを用いる事で、循環する和音連結の基本的な有り様を示し、かつ㋙および㋝において、主調（ハ長調）を支える属調（ト長調）、下属調（ヘ長調）による近親調関連の基本的有り様を示すべく苦心した事と思われるのです。

これにとどまらず、楽譜上に散りばめられた作者の構成上の知恵と工夫を、このように丹念に読み解く努力を重ねる事こそ、アナリーゼの作業の目的なのです。

Technique of
Analyze
for Practice

まとめ

　音から出発して、譜表や拍子を経て、音程や音階、和音、さらに様式、形式等、約束事から楽曲を構成する要素、さらには表現形式に至る本書の項目を俯瞰すると、多様な拡がりを感じざるを得ません。確かに、項目としては別個に捉えるべきではあるものの、実は、これらは「楽曲を構成している」という点において、必然的にすべてがかかわっているのです。

　音楽は、人間の感性を舞台に演じられるドラマのようなもので、極めて精密であり緻密であると言って良いでしょう。従って、それぞれのかかわりこそが大切な観点なのです。特に、音程と音階、音階と和音、和音と調性の関連は極めて組織的に密なだけに、個別的な知識ではそれぞれを有効活用出来ません。ですから、音楽をより深く理解し、項目それぞれの関連付けを確実なものにする為にも、まず楽曲の分析を開始すべきです。

　その実績を積み上げる為には、小振りな楽曲からの読譜をもとに、段階的にその規模を拡げていく事で、要素のかかわりを確認しつつ、読譜力を拡げていくべきでしょう。

　終始一貫した流れの中で、ともすれば見失いがちな作者の構成上の知恵と工夫を、楽曲を構成している要素の理解を手立てとして計り知る事こそ、読譜する事の究極の目的ではないでしょうか。

　楽曲は、作者の意図に基づいた総合的な構築物であるだけに、興味は尽きることがないでしょう。

あ と が き

　たとえば、J.S.バッハをクラシック音楽の出発点として、現在に至る西洋音楽の歴史の道程を考えてみたとき、数多の著名な作曲家たちの数多くの名曲をきっと思い出す事でしょう。実は現代においても多くの作品が生まれていて、その数曲が名曲として後世に伝えられて行く事でしょう。つまり、我々が、自らの音楽体力の養成の為に勉強し、かつ糧としなければいけない名曲は、遺産として溢れる一方であると言う事が出来ます。

　また、西洋音楽の歴史の流れは、その中身内容に関して一定ではないと思われますから、かなり表現手段が多様化した時代もあった事でしょう。その意味において、我々としては、徒らに曲を知ろうとするのではなく、極めて計画的かつ要領良く、重点的にその理解を広めて行くべき時代に差し掛かっているのではないでしょうか。

　記譜上の約束事、楽曲を構成する要素や表現形式等も、今後新たな表現手段に基づく名曲の登場などによって、さらに増え、多様化して行くであろう事を考えたならば、訓練や修練によって読譜力を高め、楽曲構造を素早く読み取り、作者の意図を理解する知的作業への努力がますます求められるのではないでしょうか。

鵜﨑庚一

鵜﨑庚一
(うざきこういち)
Kouichi UZAKI

Profile

作曲家。東京生まれ。東京藝術大学音楽学部作曲科卒業。池内友次郎、島岡譲、矢代秋雄各氏に師事。作曲理論を学ぶためフランス国立パリ高等音楽院へ留学。一等賞首席（フーガ）。トニー・オーバン、ノエル・ギャロン、マルセル・ビッチュ各氏に師事。国立音楽大学および大学院教授、大学院委員長、武蔵野音楽大学講師、お茶の水女子大学講師を歴任。

現在、国立音楽大学名誉教授、日本作曲家協議会会員、日本音楽著作権協会会員。全日本おかあさんコーラス東京支部大会、府中市民合唱祭等の講評者、アナリーゼ・セミナー「トレーニング・オブ・アナリーゼ」（東京・横浜・大阪・千葉・茨城・長野・福岡）講師。

主な作品

ピアノ曲「夢の国から」「オーバード」「風がうたう歌」「そよ風が吹いてきたら」（カワイ出版）、吹奏楽曲「カマラード」（カワイ出版）、金管合奏曲「アトモスフェア」（カワイ出版）「日本のメロディ」（東芝EMI）、歌曲「冬のもてこし」「秋風」「あんずの花の匂ふ夜」「流れの花」（全音楽譜出版）「あるがままに」（カワイ出版）、ソルフェージュ曲「新曲の練習」（カワイ出版）「視唱73の練習曲」（レッスンの友社）、合唱曲「みづいろの風よ」「日本の風景」（カワイ出版）、アナリーゼ「トレーニング・オブ・アナリーゼ＝ブルクミュラー25の練習曲」（カワイ出版）「アナリーゼの技法　バッハ／インヴェンション」「アナリーゼの技法　バッハ／シンフォニア」「アナリーゼの技法 ソナチネ・アルバムⅠ クーラウ」「アナリーゼの技法 ソナチネ・アルバムⅠ クレメンティ」「アナリーゼの技法 ソナチネ・アルバムⅠ ハイドン／モーツァルト／ベートーヴェン／ドゥシェク」「アナリーゼの技法 ショパン／ワルツ選Ⅰ、Ⅱ」「アナリーゼの技法 シューマン／子供の情景」「アナリーゼの技法 ドビュッシー／２つのアラベスク」「アナリーゼの技法 ドビュッシー／ベルガマスク組曲」（学研）…ほか
弦楽合奏曲など多数。

【参考文献】

『楽典』理論と実習　石桁真礼生，末吉保雄，丸田昭三，飯田隆，金光威知雄，飯沼信義　著（音楽之友社　1965年）

『音楽覚え書き帖』　マルセル・ビッチュ，ジャン＝ポール・ホルスタイン　著；池内友次郎　訳（音楽之友社　1979年）

『和声と楽式のアナリーゼ』　島岡譲　著（音楽之友社　1964年）

『和声』理論と実習　Ⅰ、Ⅱ、Ⅲ　池内友次郎，長谷川良夫，石桁真礼生，松本民之助，矢代秋雄，島岡譲（執筆責任），
　　　柏木俊夫，丸田昭三（執筆補佐），小林秀雄（執筆補佐），三善晃，末吉保雄，佐藤真（執筆補佐），南弘明　著
　　　（音楽之友社　1964年）

『トレーニング・オブ・アナリーゼ＝ブルクミュラー 25の練習曲 編』　鵜﨑庚一　著（カワイ出版　2000年）

❖アナリーゼの技法❖
実践のために

2019年11月20日　初版

著者	鵜﨑庚一	発行人	松村広行
		編集人	松村広行
デザイン	吉原順一	企画編集	小山田かおり
楽譜浄書・DTP	小倉秀一		
印刷所	中央精版印刷株式会社	発行所	株式会社 学研プラス
			〒141-8415　東京都品川区西五反田2-11-8

●この本に関する各種お問い合わせ先
【電話の場合】
編集内容については
Tel 03-6431-1221（編集部直通）
在庫、不良品（落丁、乱丁）については
Tel 03-6431-1220（販売部直通）
【文書の場合】
〒141-8418 東京都品川区西五反田2-11-8
学研お客様センター
『アナリーゼの技法 実践のために』係
●この本以外の学研商品に関するお問い合わせは下記まで
Tel 03-6431-1002（学研お客様センター）

©Kouichi Uzaki, Gakken
本書の無断転載、複製、複写（コピー）、翻訳を禁じます。
本書を代行業者等の第三者に依頼してスキャンやデジタル化することは、
たとえ個人や家庭内の利用であっても、著作権法上、認められておりません。

学研の商品についての新刊情報・詳細情報は、下記をご覧ください。
学研出版サイト　https://hon.gakken.jp/
学研おんがく.net　https://www.gakken.jp/ongaku/